イラスト図解で すっきりわかる理科

お悩み解消編

鳴川哲也・山中謙司
寺本貴啓・辻　健 著

東洋館出版社

はじめに

平成29年に改訂された現行学習指導要領では、「社会に開かれた教育課程」という理念のもと、育成を目指す資質・能力が「知識及び技能」「思考力、判断力、表現力等」「学びに向かう力、人間性等」の三つの柱で整理されました。さらには、これらの資質・能力の育成に向けて、「主体的・対話的で深い学び」の視点からの授業改善の重要性も示されました。

このような学習指導要領のもとで、理科の授業づくりを行い、子供たちの資質・能力を育成しようとしているわけですが、手ごたえはいかがでしょうか？　私個人としては、問題解決の活動が充実した授業、日常生活との関連を図った授業など、素敵な授業が増えたように思います。そして、素敵な子供の姿がたくさん見られるようになったと感じています。

このように素敵な子供の姿を実現しようと、先生方はとても努力されています。しかしながら、悩みの連続ではないかと思います。その悩みの原因はそれぞれ異なり、簡単に解消できるものでもないと思います。よりよい授業を目指して、よりよい子供の姿を実現しようと、悩みを抱えながら授業づくりに取り組み、子供たちに向き合うのが教師の仕事だとも思います。

そんな悩みが少しでも解消されることを願い、私たちは第1弾の『イラスト図解ですっきりわかる理科』で、学習指導要領で理科が目指していることをわかりやすくお伝えしました。さらに第2弾の『イラスト図解ですっきりわかる理科　授業づくり編』では、授業を知り、構想し、行い、振り返るという、授業づくりにおける教師の一連の取り組みに沿って、それぞれのポイントをお伝えしました。

そして、今回はその第3弾です。授業を行う中での先生方の具体的な悩みに焦点を当て、『お悩み解消編』としました。本書の背景となる重要キーワードは「ズレ」です。先生が思い描く子供の姿と実際の子供の姿にズレはありませんか？ そのズレによって困っているのは、先生ですか？　それとも、子供たちですか？

本書では、そのような場面を具体的に取り上げ、原因やその解消方法を文章とイラストでわかりやすく示しています。本書を通して、読者の皆さまに少しでも「理科って楽しい」と思っていただけたら、こんなにうれしいことはありません。

2025年3月　　著者代表　鳴川　哲也

もくじ

第3章 授業がうまくいかないとき、どうすればいい？……047

第4章　あなたの指導、実は間違っていません！

序章～本書に込めた思い～

『イラスト図解ですっきりわかる理科』も、本書で第３弾を迎えました。第１弾は小学校学習指導要領（平成29年告示）解説理科編に基づいた改訂のポイントやキーワードなど、第２弾は理科という教科の特質や理科の授業づくりに欠かせない問題解決の過程のポイントなどを、それぞれイラスト図解で示しました。

そして、「次は何をイラスト図解するの？」という皆さんの期待に応えるべく、ついに第３弾の登場です。

ここでは、本書のポイントを大きく四つ挙げながら、本書に込めた思いなどを述べていきます。

本書の編集意図とは

学習指導要領に示されたキーワードを理解し、問題解決の過程を重視した授業を構想したとしても、納得のいく授業ができるとは限りません。教師が思い描いたとおりに、子供が学んでいくわけではないので、授業づくりの悩みがすべて解消するということはないのです。しかし、先生方はよりよい授業を目指して努力することを惜しみません。そこで本書では、先生方の授業づくりの悩みに寄り添い、その解消方法を提案するという趣旨で全体を構成しました。その際、私たちが着目したキーワードが、教師と子供との間に生じる「ズレ」です。

教師と子供との間の「ズレ」に着目した理由

小学校理科の研修会などでは、「ズレ」という言葉を耳にする機会が多いのではないでしょうか。子供が自然の事物・現象に出会ったとき、既習内容や生活経験では説明できないことに「ズレ」を感じたり、自分の考えと仲間の考えとの間に「ズレ」を感じたりして、そこから解決したい問題を見いだす、このような文脈で「ズレ」を使うことが多いのではないかと思います。このような子供の中に生じる「ズレ」は、子供が主体的に問題解決していくためにも、大変重要なポイントになります。

しかし、本書の「ズレ」はこれとは違います。一生懸命授業を構想しても、実際に授業を行ってみると、「思ったとおりにはいかないな」と感じることも多いでしょう。本書で扱っているのは、この「ズレ」です。教師が思い描く子供の姿と実際の子供の姿との間に「ズレ」があるから、授業づくりの悩みが生まれるのだと思うのです。そこで、この「ズレ」を顕在化し、授業改善の方法をイラスト図解で示すことができたら、読者の皆さんの悩みが少し解消され、よりよい授業づくりに向けて、もっと前向きになれるのではないかと考えたのです。

「ズレ」を特徴ごとに分類

まず、教師が思い描く子供の姿と実際の子供の姿との間に生じる「ズレ」をいくつも洗い出してみました。「時間内に結論まで進みたい教師ともっと実験をしていたい子供」とか、「自分の考えをノートに書いてほしい教師と板書をノートに写すだけの子供」とか。すると、大きく三つに分類できるのではないかということに気付きました。そこで、第1章から第4章に分けて解説することにしたのです。

第1章では、「ズレ」が起こっている場面をいくつか挙げながら、私たちがどのように分類したのかを説明しています。第2章から第4章では、その分類ごとに、具体的な場面をいくつも示しながら、授業改善の方法を提案しています。

第2章は、教師と子供との間にズレが生じることによって、子供が困っているというケースです。実際の授業において、子供が困っていることに気付くためには、かなりの洞察力が必要です。本書を読みながら、「そんなズレが生まれていたのか」と発見することがあるかもしれません。

第3章はその逆で、教師と子供との間にズレが生じることによって、教師が困っているというケースです。これは、教師側が困っているわけなので、「あるある」と共感しながら読み進められるのではないかと思います。

そして第4章は、第3章と同様に教師側の悩みではあるものの、その背景に大切なポイントがあり、「実は間違いではない」というケースです。それは、理科授業や子供のことをしっかり考えているからこその悩みなのです。皆さんが自分自身を肯定できるきっかけになることを願っています。

各章は問題解決の場面に沿って

第2章から第4章の具体的な事例や解消方法は、基本的に問題解決の流れに沿って示しています。読者の皆さんは、授業の流れをイメージしながら読み進めてください。「こんなこと、あるある」と思いながら、解決方法のヒントを見つけていただければ幸いです。

それでは、本章へとページをめくってみてください。

第1章

教師と子供のズレ
～どうしてズレは起こるの？～

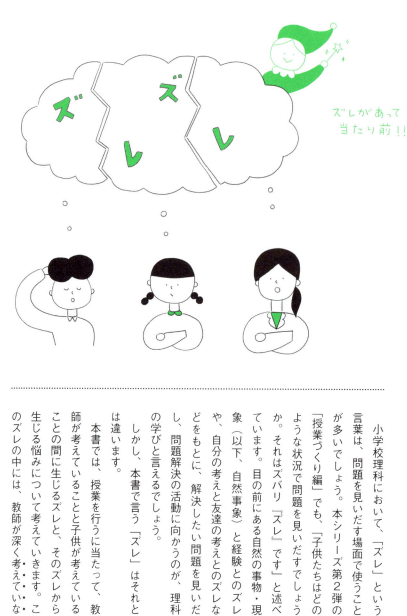

1-1 教師と子供の間で起こるズレって何？

小学校理科において、「ズレ」という言葉は、問題を見いだす場面で使うことが多いでしょう。本シリーズ第2弾の「授業づくり編」でも、「子供たちはどのような状況で問題を見いだすでしょうか。それはズバリ『ズレ』です」と述べています。目の前にある自然の事物・現象（以下、自然事象）と経験とのズレや、自分の考えと友達の考えとのズレなどをもとに、解決したい問題を見いだし、問題解決の活動に向かうのが、理科の学びと言えるでしょう。

しかし、本書で言う「ズレ」はそれとは違います。

本書では、授業を行うに当たって、教師が考えていることと子供が考えていることの間に生じるズレと、そのズレから生じる悩みについて考えていきます。このズレの中には、教師が深く考えていな

子供とのズレを意識することで授業は変わる

いことで生じるズレもあれば、教師が深く考えすぎているために生じてしまうズレもあるでしょう。ズレが生じた結果、教師が悩む場合もあれば、子供が悩む場合もあります。

学びの主人公は子供一人一人です。教師は、よりよい授業を目指して努力することを怠りませんが、本書でいう「ズレ」がすべて解消されるということはないでしょう。なぜなら、子供一人一人が様々な考えをもち、それぞれのよさを発揮しながら学んでいるからです。

教師と子供の間のズレを意識することで、授業は変わります。「子供はこのように考えているのか」と、教師は子供の有能さに気付くこともあるでしょう。その気付きの先には、子供主体の問題解決を実現しようと、よりよい授業づくりに挑み続ける教師の姿が現れるのです。

では、「教師と子供の間のズレ」を具体的な場面に即して見ていきましょう。

1-2 ズレが起こる場面を見てみよう

①子供が抱く違和感

教師と子供の間のズレによって、子供が違和感を抱く例を挙げてみましょう。実験の結果を記録する際、教師があらかじめ記録用紙を用意し、子供に配付する場面でのことです。

そもそも実験とは、解決したい問題に対する予想を検証する活動です。「私の予想が正しいなら、この実験をすれば、結果はこうなるはずだ」と、子供が結果の見通しをもって実験に臨もうとするとき、教師がグラフ用紙を配付しました。

子供が「水を加熱すると200度くらいまで上がるはず」と予想していたとしますところが、配付された記録用紙には、100度までしか記入できません。「あれ? 100度までしか記入できないなあ」と子供は思うでしょう。ここにズレが生じているのです。

このとき、「先生! 私は200度まで

子供の気持ちに寄り添って、想像してみよう

知らなかった頃の
自分を思い出そう
子供たちはこの知識を
もっていないから、
こんなふうに
考えるのではないかな？

水温が上昇すると思うので、この記録用紙は使えないと思います」と言ってくる子供はなかなかいないでしょう。しかし、心の中ではそう思っているかもしれません。そして「そうか、加熱を続けても１００度までしか上がらないのか……」と思っているかもしれないのです。

このようなズレは、どうして起こるのでしょうか？　それは、子供が問題解決の活動を通して獲得すべき内容（この例では、水の沸点）を、教師はすでに知っているからです。しかし、学びの主人公である子供にとっては未知のことです。教師の手立てによって、子供の思考を狭めたり、強引に誘導したりしては、せっかく問題解決に取り組もうとしている子供の意欲を削ぐことになりかねません。

第２章では、子供が違和感を抱く場面の具体例を挙げながら、教師の意識を見直すとともに、どうすれば子供の気持ちに寄り添い、学習意欲を高めていくことができるのかを考えます。

1-3 ズレが起こる場面を見てみよう

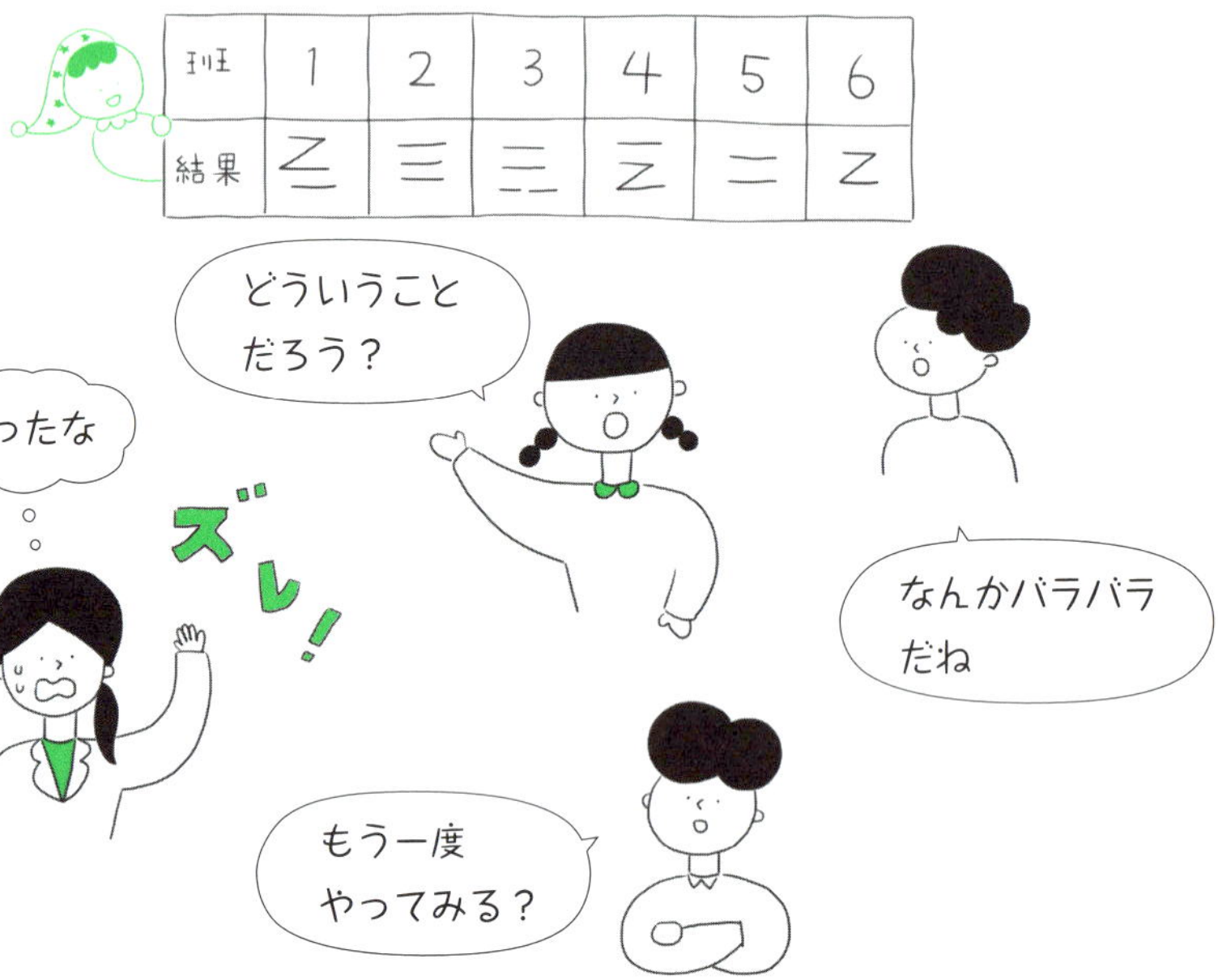

②教師が抱える悩み

教師と子供の間のズレによって、授業がうまくいかなくなり、教師が悩んでしまう例を挙げてみましょう。

観察、実験などを行った後は、得られた結果をもとに考察し、問題に対する結論を導きだします。その考察の場面でのことです。例えば6班編成で、どの班も同じ実験を行っていたとします。しかし、その結果を一覧にしてみると、バラつきがあります。子供たちは、そのバラつきがあった結果をもとに考察しようとし、場合によっては、もう一度実験してみようと考えるかもしれません。子供はその状況を受け止め、考えようとします。それに対して教師は、結果のバラつきを不都合と捉え、困ってしまうことが多いのです。

このようなズレは、どうして起こるのでしょうか？

授業時数に制約がある中、子供が主人公の学びをどう実現する？

　教師には、およそ決めた時数で単元を展開していかなければならないという都合があるからです。教師はあらかじめ、「この単元をどのように進めていくか」「問題解決の過程において、どのような活動を重視していくか」などといった指導計画をつくります。その計画どおりに進めたいという意識が強ければ強いほど、子供の思いとの間にズレは生じやすくなるでしょう。

　しかし、学びの主人公は子供です。教師の都合ばかりを押し通してしまっては、子供主体の問題解決は実現できません。だからといって、単元の配当時数を無限に増やすこともできません。

　教師と子供の間のズレによって、教師が悩んだ結果、自分の考えを貫こうとするのなら、今度は子供が悩むことになるでしょう。

　このようなジレンマをどのように解消していけばいいのか、第３章で詳しく解説します。

1-4 ズレが起こる場面を見てみよう

③実は失敗ではない例

教師が悩んでいることの中には、実は失敗ではない場合があることを説明しましょう。それらの悩みの背景には、重要なポイントが潜んでいるのです。

よく「時間どおりに授業が進まないんです」という悩みを耳にします。単元ごとに総時数を決めているため、それを大幅に逸脱することは避けなければなりません。よって、教師はあらかじめ決めた総時数を目途に単元を展開していくことになります。

しかし、実際の指導となると、「先生、予想が三つ出てきたから、全部実験で確かめたいですね」「先生、もう一回実験してもいいですか？」など、計画どおりには行かないものです。教師が予期せぬ場面で議論が白熱して、「じゃあ、次の時間も考えてみる？」と次時に持ち越し……ということもあるでしょう。

失敗だと思い込んでいる中に大切な視点がある

このような悩みは、子供の意欲と教師の都合との間にズレがあることから生じます。もし、この悩み（時間どおりに授業が進まない）を簡単に解消したいなら、教師が授業の主導権を握り、子供の考えを軽視し、教え込めばよいのです。そうすれば、あらかじめ構想していたとおりの時数で単元を終えることができます。しかし、それでいいはずがありません。

「時間どおりに授業が進まない」という悩みが生じているということは、教師が子供一人一人の問題解決を大切にしている証拠だと思うのです。

ただし、教師が予備実験などを怠り、実験器具の不具合で時間がかかって予定どおり進まなかったという場合は、教師の準備不足を反省しなければなりません。

第４章では、失敗と思い込んでいるケースの中に隠れている大切な視点を生かしながら、よりよい授業をつくるためのヒントを提案していきます。

COLUMN 1

ズレを感じることのできる教師でいるために

教師の果たす役割は単に知識を伝えることにとどまりません。子供たちの疑問を引き出し、探究心を育て、学びの楽しさを実感できるようにすることが求められます。そのために必要なのが、「ズレを感じる教師」であることです。

■ズレを感じることの大切さ

本書における「ズレ」とは、子供たちの理解と教師の想定との間に生じるギャップであり、これは様々な場面で生じます。そして、このズレに気付けるかどうかが、優れた教師の条件の一つと言えます。例えば、水を熱したときの温度や様子の変化について学習する際、実験の結果をもとに、教師が「水が沸騰している間は水の温度は上がらない」とまとめたとします。しかし、「もっと火力を強くすれば温度が上がるかもしれない」と考える子供もいます。このとき、教師がズレを感じられなければ、教科書に示された知識の伝達で終わってしまい、子供たちの本質的な理解にはつながりません。

■教師としての姿勢

ズレを感じることができる教師になるためには、次のような姿勢が大切です。

①子供たちの視点を大切にする

・教師が自分の経験や知識に頼るだけでなく、子供たちがどのように物事を捉えているのかを観察し、耳を傾ける。

・子供たちの発言や表情から理解のズレを読み取る力を養う。

②研究と修養を続ける

・教材研究を深め、理科の知識を常にアップデートする。

・研究会や研修会などに参加して、他の教師との交流を通じて、指導を磨く。

③働き方改革と両立しながら学び続ける

・業務の負担を軽減しつつも、オンライン講座や短時間の勉強会など、効率的に学び続ける工夫をする。

■ズレを感じたときの対応

子供との間のズレに気付いたら、「なぜそう思うの？」と問いかけ、子供たちと一緒に考える時間を設けましょう。そうすることで、子供たちの学びはより豊かになります。また、ズレを感じることは、授業改善にもつながります。授業後に振り返りを行い、「どこで子供たちがつまずいたのか」「どんな工夫ができるか」を考えることで、教師自身の指導力も向上します。

子供たちの視点に寄り添い、日々の授業をよりよいものにしていきましょう。その積み重ねが、「楽しい」「もっと知りたい」と思える理科授業へとつながります。

第２章

子供の抱く違和感に教師は気付いている？

2-1

自信がないから、他の子の考えを真似しよう

他の子の考えを安易に真似するだけになっていない？

子供たちが30人いると、自分の考えを表現できる子もいれば、自分の力ではなかなか表現できない子もいます。特に、そもそも何を考えたらよいのかわからないという子供に対して、「友達はどう考えているか聞いてごらん」などと声をかける先生もいるでしょう。他の子の考えを参考として、自分がどうすべきかを考えられるようにするという指導です。

一見よさそうなこの指導に、実は落とし穴があります。それは、子供自身が自分で考えるために、必要感をもって仲間の考えを知ろうとしていないと、学びのない真似になってしまうということです。真似することそのものは悪いことではありません。しかし、その場しのぎで他の子の考えを真似していないか、教師は留意する必要があります。

自信がないから他の子の考えを真似す

「書けていること」が必ずしも「理解していること」ではない

とりあえず書けたから
よかった
ほんとに
いいの？
みんな書けている
から問題ないな
よし

るということを繰り返していると、自分自身で考える力が育たない可能性もあるのです。

例えば、問題を見いだす場面で、個人で考えた問題を端末に書き込み、学級で共有するという展開があります。最初から子供たちの考えを互いに見ることができるように設定しておくと、自分の考えが書けない場合は誰かの考えを参考にするでしょう。たとえ端末で共有設定にしていなくても、友達との話や、遠くで話している言葉を聞いて真似している場合もあります。

「書けている」ことが必ずしも「理解している」わけではなく、中には表面上取り繕っているものが混ざっているかもしれません。

大切なのは、子供が「自分で考えたい」「自分でできるようになりたい」という気持ちをもつこと、教師が子供の表面上の姿に安心せず、一人一人に向き合いながら学習過程を見ることなのです。

2

見てと言われても、どこを見たらいいのかよくわからない

ICT端末で各自の考えを共有できるのはいいけれど……

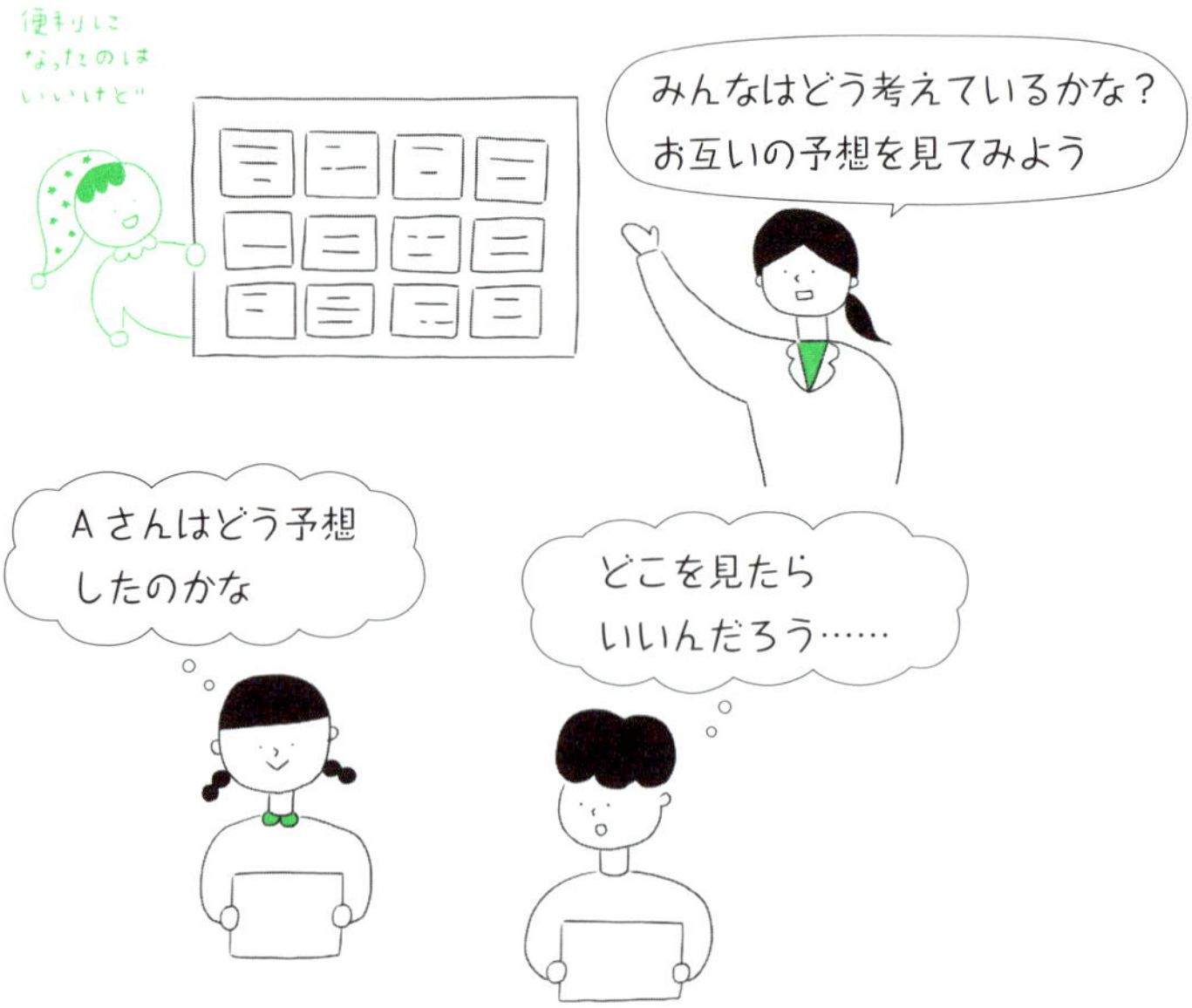

子供が考えを表す際に、ICT端末に入力することが多くなってきました。ICT端末を使うメリットの一つは、わざわざ子供一人一人のところに行ってどのように書いているのかを確認する必要がない点や、ボタン一つで学級の子供たちそれぞれの考えを共有できる点にあります。この共有機能について、指導の落とし穴があります。

第5学年「振り子の運動」における予想の場面を例に考えてみましょう。子供たちは、振り子が一往復する時間には、「振り子の長さ」「おもりの重さ」「振れ幅」のどの条件が関係しているのかについて、予想を書き込み、教師はそれらの考えを学級全体に共有します。

教師としては、「みんなの予想を共有したのだから、それぞれの考えの根拠を自分で探してみてほしい」という思いが

ただ共有するだけでなく、どこに注目するとよいかを伝えよう

あります。しかし実際には、教師が期待するような多様な考えを踏まえた予想には発展しない可能性があります。

なぜなら、子供は「何を見るか」「どこを見るか」「どの程度まで見るか」をわかっていないからです。それらの判断を、教師が子供に委ねてしまっていることに問題があります。子供は、「三つくらい見ればいいか」「友達の〇〇さんはなんて書いているんだろう」という程度にしか見ていないかもしれません。つまり、多様な考えを見せたい先生と、多様な考えを見たいとは思っていない子供との間にズレが生まれているわけです。

子供たちに多様な考えを知ってほしいのであれば、教師がそれを伝えることで、学級全体としての理解が深まるでしょう。また、どうしても見てほしいところ、押さえたいところがあるならば、教師がそれを取り上げて、子供たちが確実に注目するための手立てを講じる必要があるのです。

2 3

結果が何となくわかる記録用紙だとやる気が出ないな

考えが狭められたり、誘導されたりすることも

小学校理科では、「子供主体の問題解決」を重視しています。それは、子供が自ら自然事象に働きかけ、そこから見いだした問題を解決していくという学びです。

観察、実験の際に、結果を記入することができるワークシートや記録用紙を準備して、子供に配付することがあります。ICT端末が整備された今は、紙の記録用紙を配付するより、クラウド上で記録用紙を共有する先生も多いことでしょう。

さて、このように記録用紙を教師が準備して配付するのは何のためでしょうか？　記録用紙を子供たちに準備させると時間がかかりすぎるから、といった声が聞こえてきそうです。たしかにその方が理科としての活動に集中できそうです。

しかし、子供の考えが狭められたり、

子供の多様な考えを妨げないように準備しよう

誘導されたりするような記録用紙になっていたら、どうでしょうか？　子供は問題を解決しようと思って、一生懸命に考えているのに、教師が用意した記録用紙を見た瞬間に、「そういうことか……」と白けてしまうでしょう。

第1章でも例示したように、水を加熱し続けたときの水の温度変化を考える際、教師が用意した記録用紙が100度までしかなかったら、「水の温度は、加熱し続けても100度までにしかならないんだな」と考える子供がいるかもしれません。

教師は、水の沸点が100度であることを知っています。子供が実験しても、それ以上の温度になるという結果が出ないことを見通すことができます。しかし、子供はそう考えない場合もあります。

教師は、子供がどのように考えるのかということを想像して、記録用紙を準備する必要があるでしょう。

2
4

１００度の温度計を使うってことは、これ以上の温度にならないってこと？

実験器具の設定によって、考えが狭められることも

前節と同じような問題は、実験器具を使用する際にも生じます。

ここでも、水を加熱する活動で説明しましょう。子供は、水を加熱し続けると、どのように温度が変化するのか？水の温度は何度まで上昇するのか？と考えます。先ほどは、教師が配付した記録用紙で、子供がその結果を察知してしまうことがあると述べました。

これがもっと顕著になるのは、１００度までしか測定できない棒温度計を使用して実験するという状況になったときです。

「先生、ぼくは水を加熱していくと、２００度くらいまで温度が上がると思うので、この温度計では測定できません」と子供が言ってきたら、どのように返しますか？

この問題は、簡単には解決できなさそ

測定できる範囲を意識しながら、結果の見通しをもとう

うです。実際、理科室に準備されている温度計は、105度くらいまでしか測定できないものばかりでしょう。教師のちょっとした工夫で解決できるようなことではないかもしれません。

しかし、重要なのは、言葉に出さなくても、そのように考えている子供がいるかもしれないということを、教師が認識した上で授業を展開することです。

実際、筆者が授業をしていたときに、実験用コンロで水を加熱して、100度くらいまでしか温度が上昇しないことを知ったHさんは、「火力が足りないからだ」と言いました。

理科の実験では、測定器具をたくさん使用します。どの範囲を測定できるのかを意識させながら実験を行うことで、「この器具は○○~○○までしか測定できない。だから私の予想が正しければ、○○の値まで達してしまうはずだ」というような結果の見通しをする子供の姿が見られるかもしれません。

25

いつもの役割分担で進める方が安心

班内の役割を固定しがち

観察や実験では、複数の子供たちが班に分かれて、実験器具を操作する子、記録をする子、時間を測る子などいくつかの役割を分担して行うこともあるでしょう。このようなときに、教師と子供の間にズレが生じることがあります。

教師は、どの子供にも実験器具を操作する機会を平等に与え、器具の操作に関する技能の習得を保障したいという思いでいることでしょう。しかし、子供は様々な理由で役割が固定されていることに安心している場合があります。例えば、実験操作に苦手意識があり、記録係に徹して実験の様子を見ているだけという子供もいるでしょう。逆に、実験は好きだけれども、班内の人間関係で遠慮してしまっていることも考えられます。もしかすると、観察や実験を与えられた時間内（たいていの場合、子供にとって十

役割を交代できるような工夫をしよう

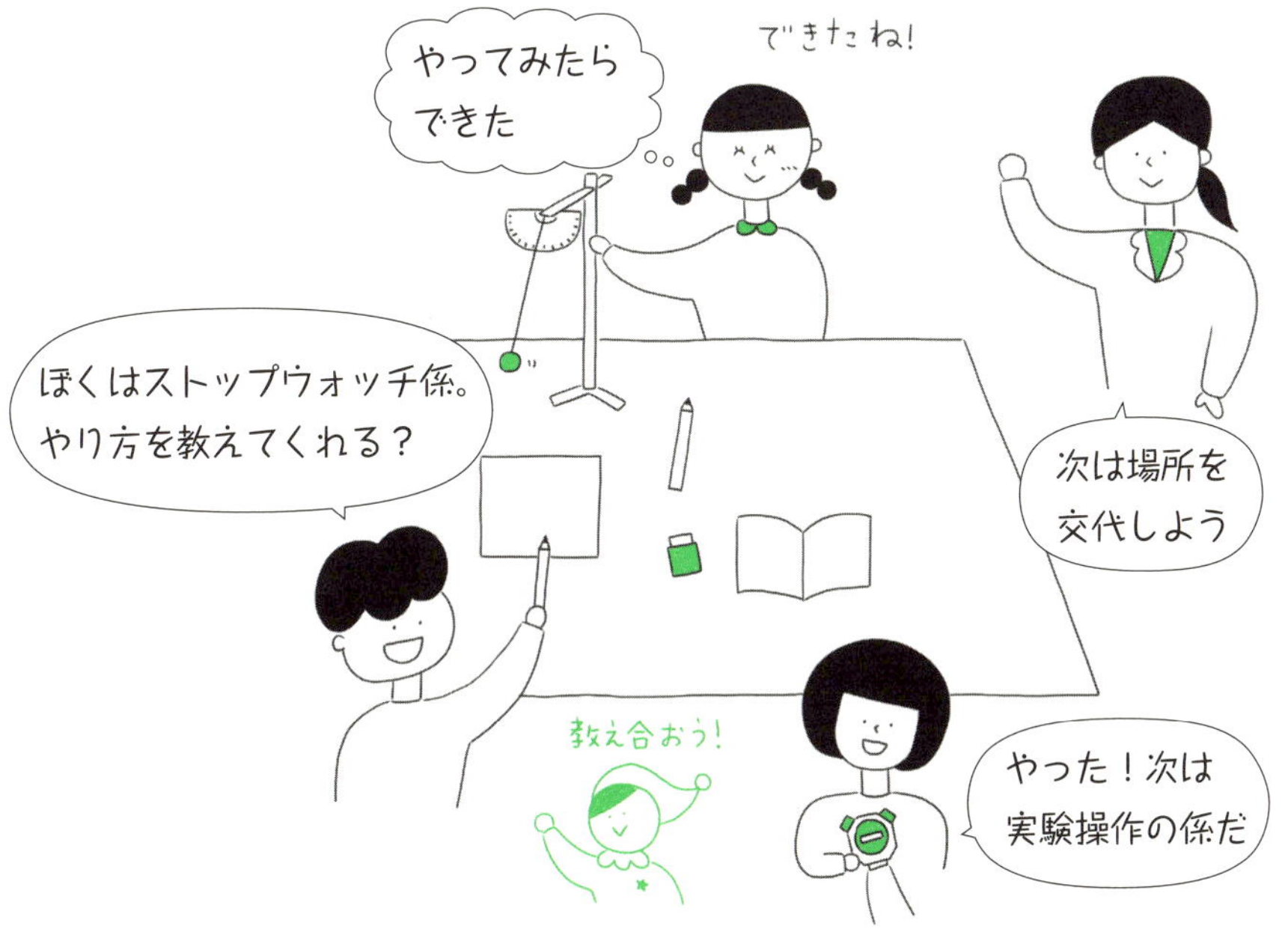

分と感じられない場合が多い）で効率的に最後まで実験をやり遂げるために、一人一人の得意不得意で役割分担を行い、いつも同じ役割で固定されてしまっている場合もあるかもしれません。

　このような子供の思いを受け止めた上で、役割を固定させないような工夫を意図的に行う必要があります。例えば、複数回の実験を行う場合には、一回の実験が終わるたびに、役割を交代するように指示をすることが考えられます。その際には、座席を固定して器具や記録用紙を回すのではなく、実験器具や記録用紙の場所は固定しておき、子供たちが移動するようにすると、スムーズに役割を交代することができます。

　実験操作に苦手意識をもつ子供には、教師が支援をしたり、班の中で教え合うように促したりするとよいでしょう。苦手意識がさらに強まることのないように配慮する必要があります。

2
6

実験は失敗したけど、他の班の結果を見ればいいよね？

予想どおりの結果にならないと動揺してしまう

実験には失敗がつきものです。一方で、子供は何事も失敗を恐れる傾向が強いです。実験で自分たちの予想する結果にならなかった場合には大慌てになります。

そもそも実験は、予想や仮説が正しいかどうかを調べるものです。結果が予想や仮説を証明するものにならない場合は、実験方法や実験の手順、器具の扱いに問題はないかを検討し、必要に応じて実験を再度行うことが求められます。それでも想定した結果が得られない場合は、予想や仮説を検討し直し、その予想や仮説を確かめる実験を行うといった手続きが必要であることを子供が理解しておくことが大切です。

このように、問題を科学的に解決する手続きを理解し、態度として身に付けることができれば、実験結果が想定どおりにならなかったとしても、「失敗した」

これまでの過程に立ち返って考えてみよう

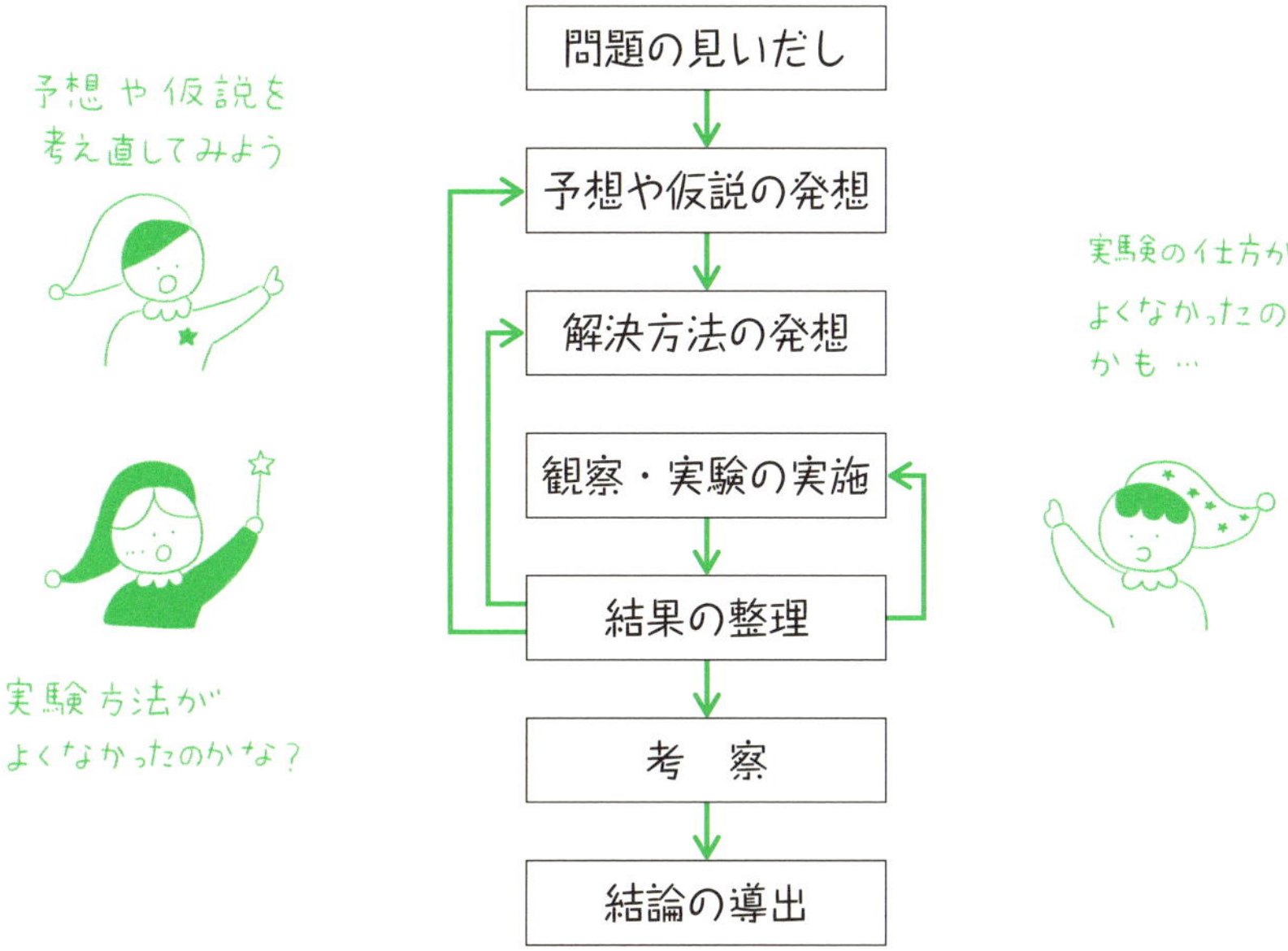

と捉えて、正解を他の班に求めたり、教科書に記載されている結果を自分たちが得られた結果として取り入れたりすることなく、粘り強く問題解決に取り組むことが期待できるでしょう。

このような取り組みを保障するためには二つのポイントがあります。一つめは、実験を再度行ったり、予想や仮説を検討し直したりする時間的な余裕があることを、子供と共に見通しとしてもっていることです。二つめは、予想や仮説は間違っていてもよいということを理解しておくことです。

教師にとっても、教科書どおりの結果にならなければ、想定した考察や結論に至らず、習得すべき知識の獲得を保障できないことを恐れることがあるでしょう。想定どおりにならなかった結果をなかったことにしようとせず、なぜそのような結果が得られたのかを子供と共に検討するといった心構えも必要です。

27

実験結果が一つではダメなの？

実験結果を一つ得れば十分だと思いがち

実験の場面において、子供たちが一度の実験で得られた結果だけで満足している様子や、自分の班の結果だけで結論を導きだそうとする様子を見ることがあります。

実験には、再現性が求められます。再現性とは、同じ条件下で行った実験は何度行っても同じ結果が得られることです。このことにより、実験結果の妥当性を確認でき、信頼性が高まります。しかし、子供たちはその必要性を理解していないことが多いです。それは、自分たちの予想や仮説を証明する結果が得られたのであれば、その時点で満足してしまうからです。そこに、教師の思いとのズレがあります。

例えば、第3学年「風とゴムの力の働き」の学習では、風やゴムの力の大きさを変えたときの車の進んだ距離を調べる

複数の実験結果を得る意味を確認し合おう

活動があります。この際には、実験を1回だけではなく3回程度繰り返し行い、最も長く進んだ距離の結果や3回調べたうちの真ん中の距離の結果で考察します。

この実験のように1回ではなく3回実験することを、ただ単に作業として確認するのではなく、なぜ3回実験するのかという目的を子供たちが理解する必要があります。複数の実験結果を得ることの意味を、子供たちと確認し合うようにしましょう。

また、予想や仮説を確かめるための実験方法が複数考えられる場合もあります。どの実験方法で得られた結果からも予想や仮説が正しいことを学級全体で確認することができれば、複数の実験方法から結果を得ることで信頼性がより高まることを実感できるでしょう。

28 ある実験結果を他の事柄に当てはめるのはダメなの？

一つの実験結果を一般化したり、他に当てはめたりしがち

第3学年「物と重さ」の学習では、「物は、形を変えると重さが変わるのだろうか」を学習問題として、粘土やアルミニウム箔などの形をいろいろと変えて重さを調べながら、問題を解決する活動が展開されます。この場面では、粘土の形を変えても重さが変わらないという結果だけで、「物は形を変えても重さは変わらない」というように考えをまとめようとする子供はいないでしょうか。子供からすると、「粘土で調べたんだから、どれで調べても重さは変わらないでしょ」と言いたくなるでしょう。しかし、教師としては、「粘土では重さが変わらないことはわかったけれど、他の物でも重さが変わらないとは言えない」「粘土だけではなく、アルミニウム箔の結果も合わせて考えなくては」ということに気付かせたいという思いがありま

問われているのは問題に正対した結論を導きだす力

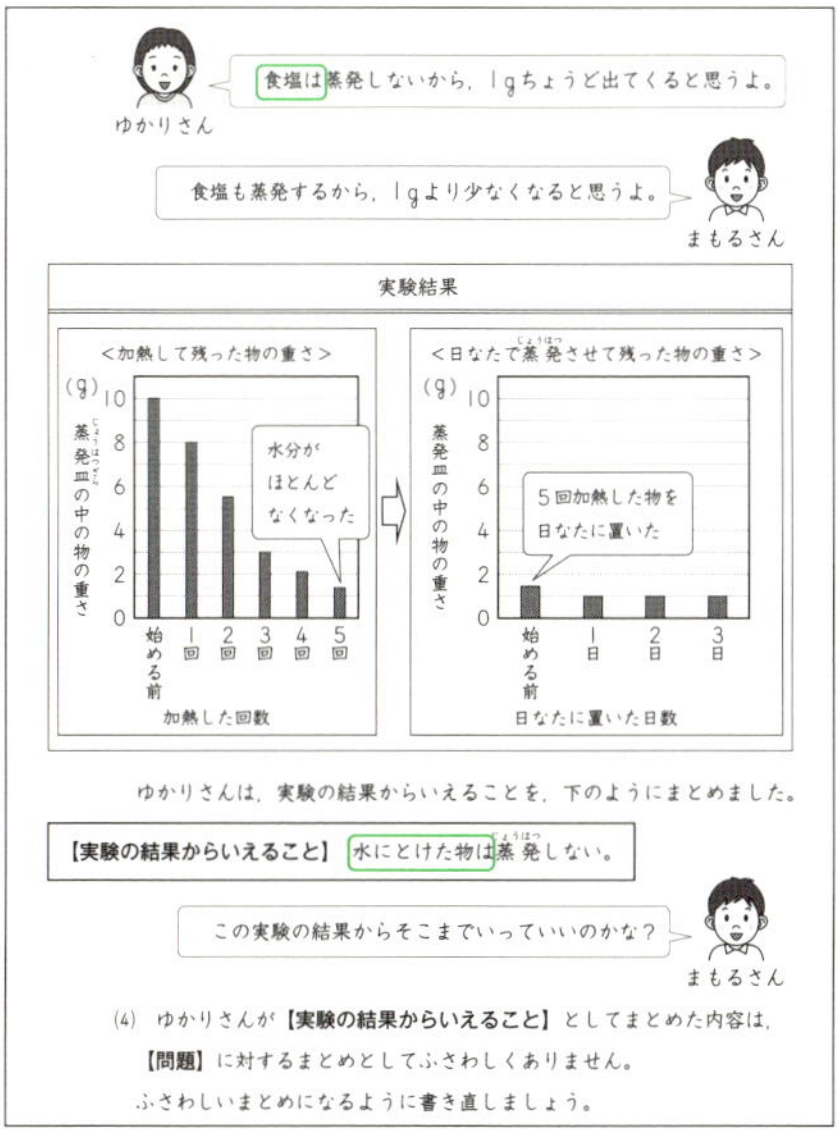

正答率 27.9%

正答（例）
食塩水の食塩は，蒸発しない。

出典：国立教育政策研究所「平成30年度全国学力・学習状況調査　小学校理科」
https://www.nier.go.jp/18chousa/pdf/18mondai_shou_rika.pdf

す。ここに、教師と子供の思いとのズレが生じます。

この場面のように、一つの事柄の結果をもとに、一般化したまとめをしてしまうだけではなく、他の事柄にまで言及してしまう状況もよく見られます。

平成30年度全国学力・学習状況調査小学校理科の大問4⑷の問題では、「食塩水の食塩は蒸発するのだろうか」という学習問題に対して、食塩は蒸発しないことがわかる実験結果をもとに、「水に溶けた物は蒸発しない」とまとめたことに対して、ふさわしいまとめに書き直すことを求めています。「食塩水の食塩は蒸発しない」と実験結果から言えることだけに言及したまとめを書くことができた割合は27・9%でした。

実験で得られた結果と謙虚に向き合い、言いすぎたり、都合のよい解釈をしたりしていないかを、子供同士あるいは教師との対話の中で確認する活動が重要なのです。

29

まだ実験したいのに、もう考察？

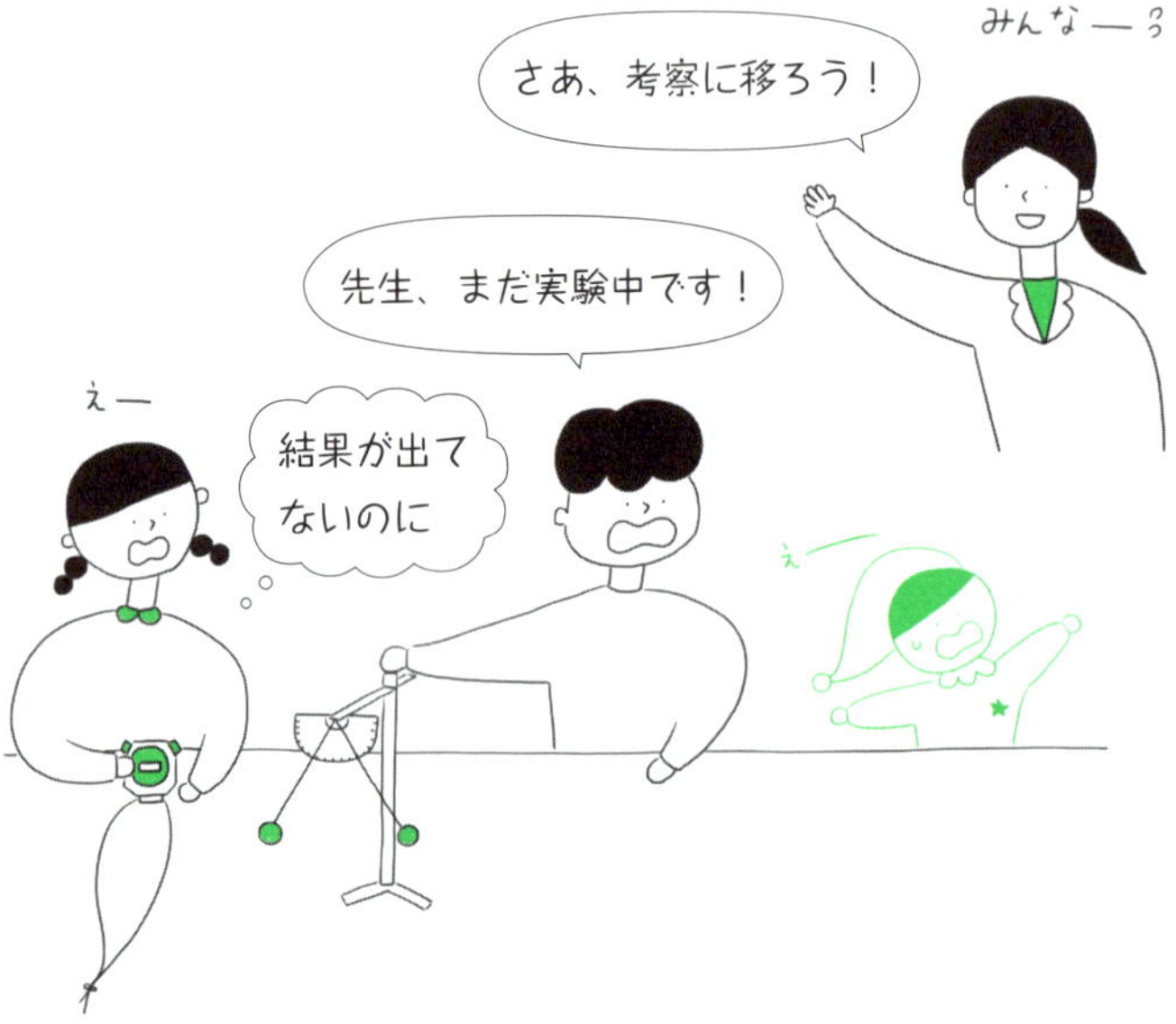

結果が明確にならないと、考察はできない

理科では一連の問題解決の活動を大切にしています。問題を見いだしたり、その問題に対して根拠のある予想を発想したり、観察や実験の結果をもとに考察したりするというそれぞれの過程をより充実させたいと考える一方、決められた時間の中で授業を展開していくことが求められます。

特に、問題解決の中核をなす観察や実験には、かなりの時間を要します。当然のことながら、観察や実験はただ体験すればよいというわけではありません。観察や実験の結果を根拠にして、自分たちの予想や仮説が妥当だったのかどうかを検討する必要があります。それが、考察です。考察は、観察や実験などの結果が明確になってはじめて行うことができるのです。

第３学年「身の回りの生物」の授業で

考察へと進むまでの過程を、無理のない展開にしよう

のことです。昆虫の観察の場面で、考察を始める時間がきたので、教師が「それでは、そろそろ考察に移りますよ」と告げると、ある子供がこんなことを言いました。「先生、考察はそっちでやってて。僕たちはこっちで観察してるから」

教師は時間配分を考えて、考察に移るよう呼びかけます。しかし、子供にとってみれば、「まだ結果が明確になっていないのに」「まだ観察したいのに」などと思うでしょう。考察の意味を知っている子供であればなおさらです。授業を進めたい教師としっかり結果を知りたい子供との間にズレが生じるのです。

教師は、問題解決の過程を充実させるために、観察や実験の時間を十分に確保するだけでなく、一度に行う実験の数や変数の数なども考える必要があります。

しかし、その際に「科学的」への意識が薄れたら本末転倒です。「科学的」については、『授業づくり編』をご参照ください。

2
10

他の班の結果も踏まえて考察したいのに……

他の班の結果が気になるのは、考察に意欲的だからこそ

前節でも述べたように、観察や実験は、自分の予想が正しいかどうかを検証するために行うものです。子供にこのような意識があればあるほど、考察は観察や実験の結果が出た瞬間から始まります。

また、他の班も同じ実験をしている状況であれば、「自分たちはこのような結果になったけれど、他の班はどんな結果になったのかな」と気になるはずです。もし、目の前の子供たちがそうではなかったら、問題を「科学的」に解決する意味を子供たちに伝えるようにしましょう。

自分たちの班の実験が終わったら後片付けをし、座ってみんなが終わるまで待っていなければならなかったとしたら、結果が出た瞬間から始まっていたはずの考察はどうなってしまうでしょうか。

また、自分の班の結果だけで考察することになったとしたら、一つの事実から

他の班の結果も見るように促そう

考えることになるため、より妥当な考えをつくりだしていることにはなりません。

子供は実験の結果が出た瞬間から、様々なことを考え始め、他の班の結果も気にしています。そこで、観察や実験の結果を全体で共有することができる方法を考えましょう。

ICT端末を活用すれば様々な工夫ができると思います。また、観察や実験の最中に「他の班の結果を見に行っていいよ」と声をかけるのもよいでしょう（この際には、安全面への配慮が必須です）。

もし、自分たちと他の班の結果が異なれば、「もう一回実験してみようよ」ということになるかもしれません。このような姿は、理科だからこそ育みたい「主体的に学習に取り組む態度」です。

教師が問題解決の過程を意識することは必要ですが、大切にすべきことは、その過程がみんな同じで一方向に進んでいるわけではないということを意識することです。

2
11

定型文を使わずに、自分の表現で考察したい！

定型文の指導が考察への意欲を奪う可能性も

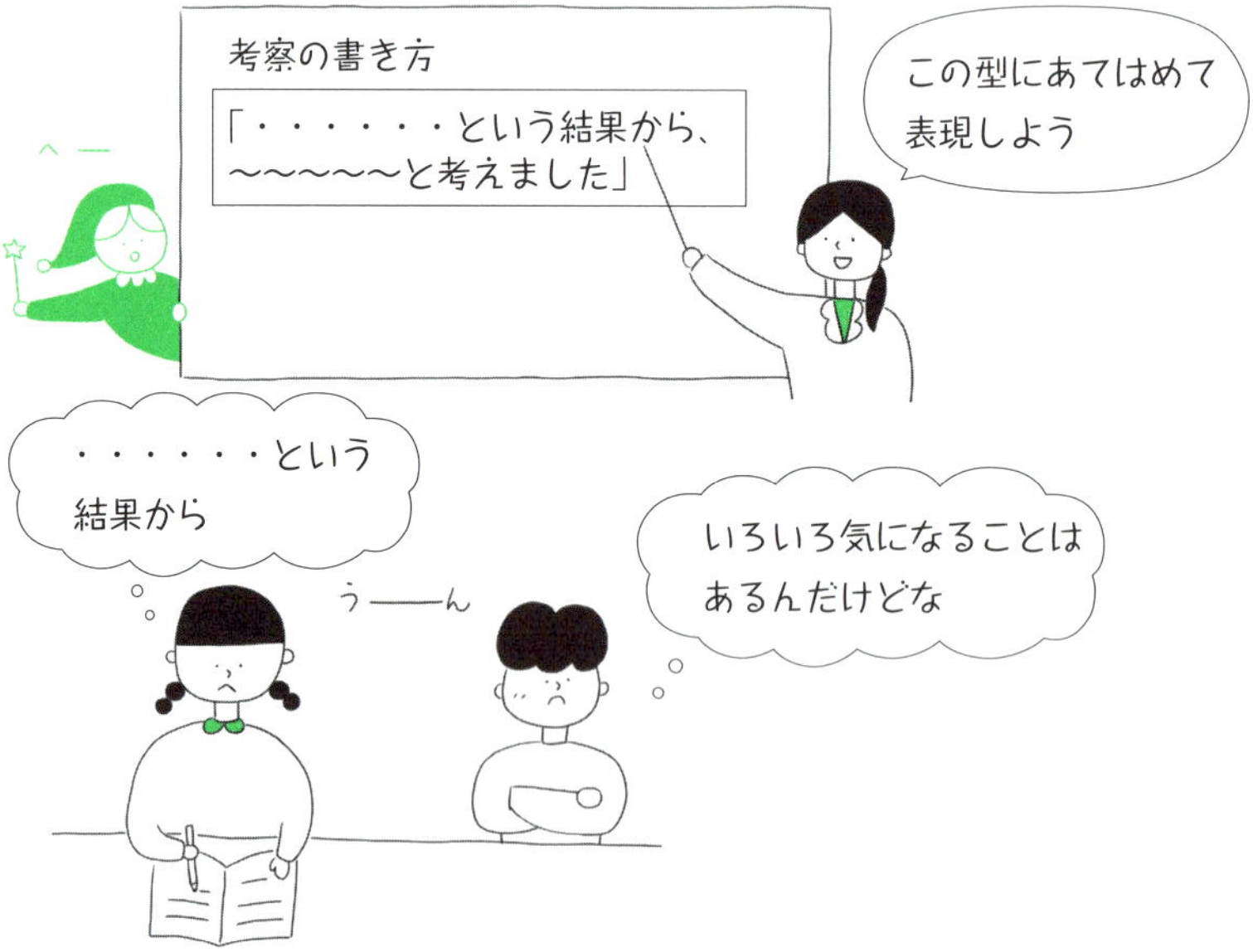

「結果と考察を区別できません」「考察の指導が難しいです」という先生方の声を耳にすることがあります。「結果」とは、観察や実験から得た事実です。「考察」とは、その事実を根拠に、自分の予想に立ち返り、問題に正対する自分なりの考えをつくることです。

観察や実験の結果が、自分の思ったとおりになるとは限りません。そのような場合、子供は「自分の予想をもう一度考え直した方がよいのかな」「予想を確かめる実験方法を再検討したほうがよいのかな」などと考えるでしょう。

このように、考察場面における子供の思考はかなり複雑です。

それに対して、教師は考察の仕方についての指導として、定型文を示し、それに従って書くように促すことがあります。

型を提示するだけでなく、その意味や目的をきちんと伝えよう

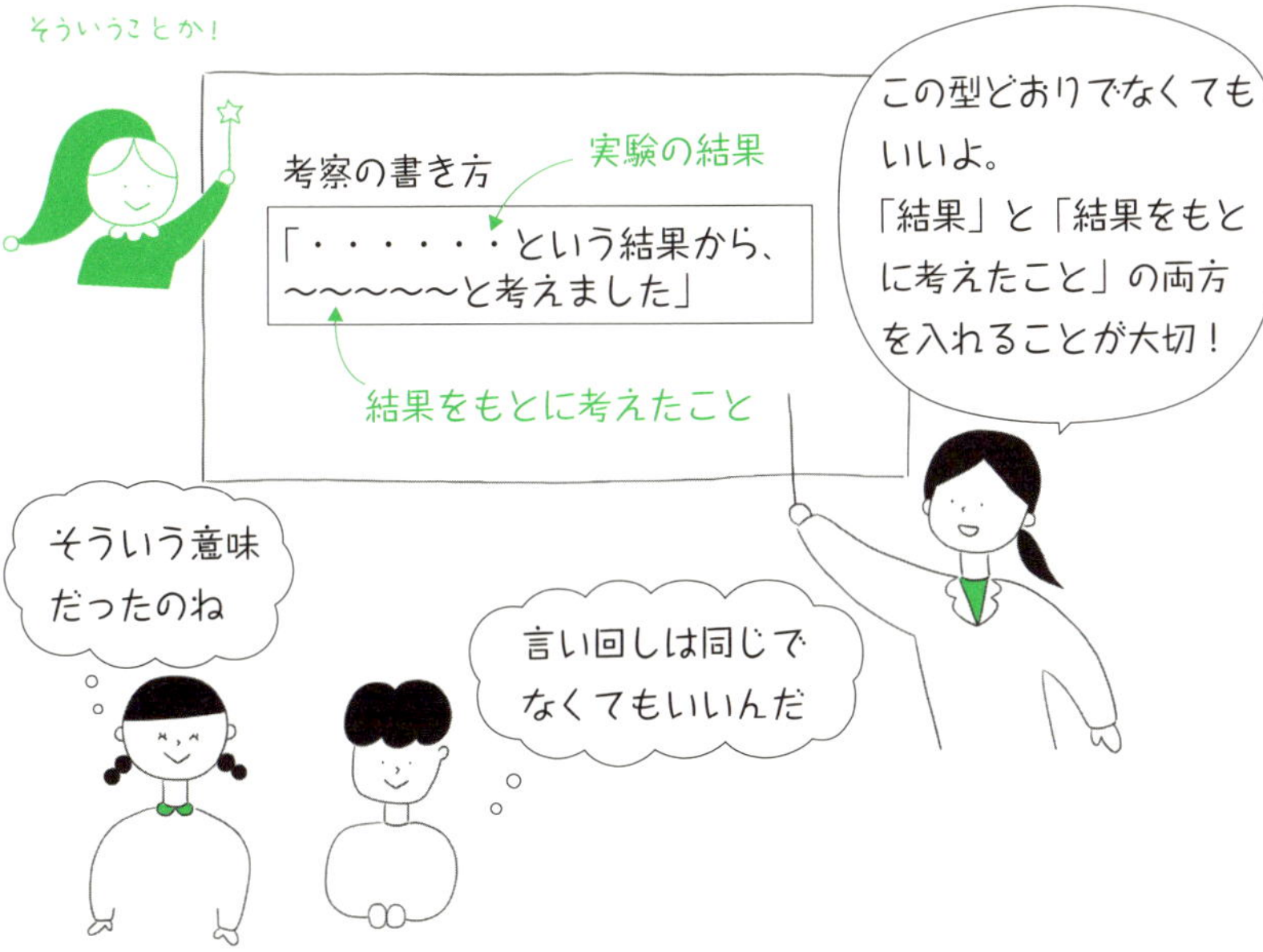

ここに、教師と子供との間のズレが生じているのです。

子供はいろいろと考えたい。しかし、それを表現する枠組みが示されている。悩んだ子供は、教師が示した定型文に従って表現するでしょう。教師が定型文で上手に表現できている子供を称賛すればするほど、子供たちは「どうしたら自分の考えをうまく伝えられるか」を考えなくなるかもしれません。

どのように考察すればよいかを指導するために、定型文を示すことが悪いわけではありません。しかし、そのような定型文にしたことの意味や目的をきちんと伝えたり、複数の定型文を示した上で、どのように考察すればよいかを伝えたりすることが大切です。

さらに、いつまでも定型文に固執することなく、慣れてきたら定型文を使わなくても考察できるようにしていくような指導が必要です。

2
12

インターネットで調べればすぐに答えがわかるのに……

観察や実験をせずに、すぐに答えを欲しがる

インターネット上にはたくさんの情報があふれています。何かわからないことがあれば、生成AIに尋ねて答えを手に入れることも簡単です。

理科の授業では、子供が見いだした問題を解決する活動が基本となります。例えば第5学年では、母体内の成長などの調べ活動が中心となる内容を除いてほとんどの場合、観察や実験などで調べた結果をもとに問題を解決する活動を行います。

子供にとっては、「わざわざ観察や実験などせずに、ネットで調べれば簡単にわかるのに」「観察や実験で調べても答えがよくわからない」「算数みたいに一つの答えがあるはず。すぐに答えが欲しい」といった感情が湧き上がることも予想されます。

理科の学習は、これまでの生活経験や

観察や実験を通して自分の考えをつくり上げていくことに価値がある

既習の内容をもとにしながら、自然事象に対する自分なりの考えを、より科学的なものにしていく営みです。そのためには、実証性・再現性・客観性という科学的な視点で自分なりの考えを見直していくことに対して、価値を見いだせるようにしていくことが重要です。

特に、実証性については、教科書やネット上に示されていることを鵜呑みにせず、観察や実験をもとに自分の考えをつくり上げていくことに、学ぶ大切さがあります。そのことを子供が意識できるように、授業を展開させていきましょう。

また、問題と結論が一対一で対応している授業ばかりでは、問題に対する唯一の結論を得ることの繰り返しになり、正解主義に陥ってしまうことも考えられます。時には、現時点でははっきりしないけれど、より妥当な考えとして結論をまとめるような授業があってもよいかもしれません。

2 13

先生の指示どおりに動いた方が失敗しなくて安心

自分で考えずに、教師の指示を待つ

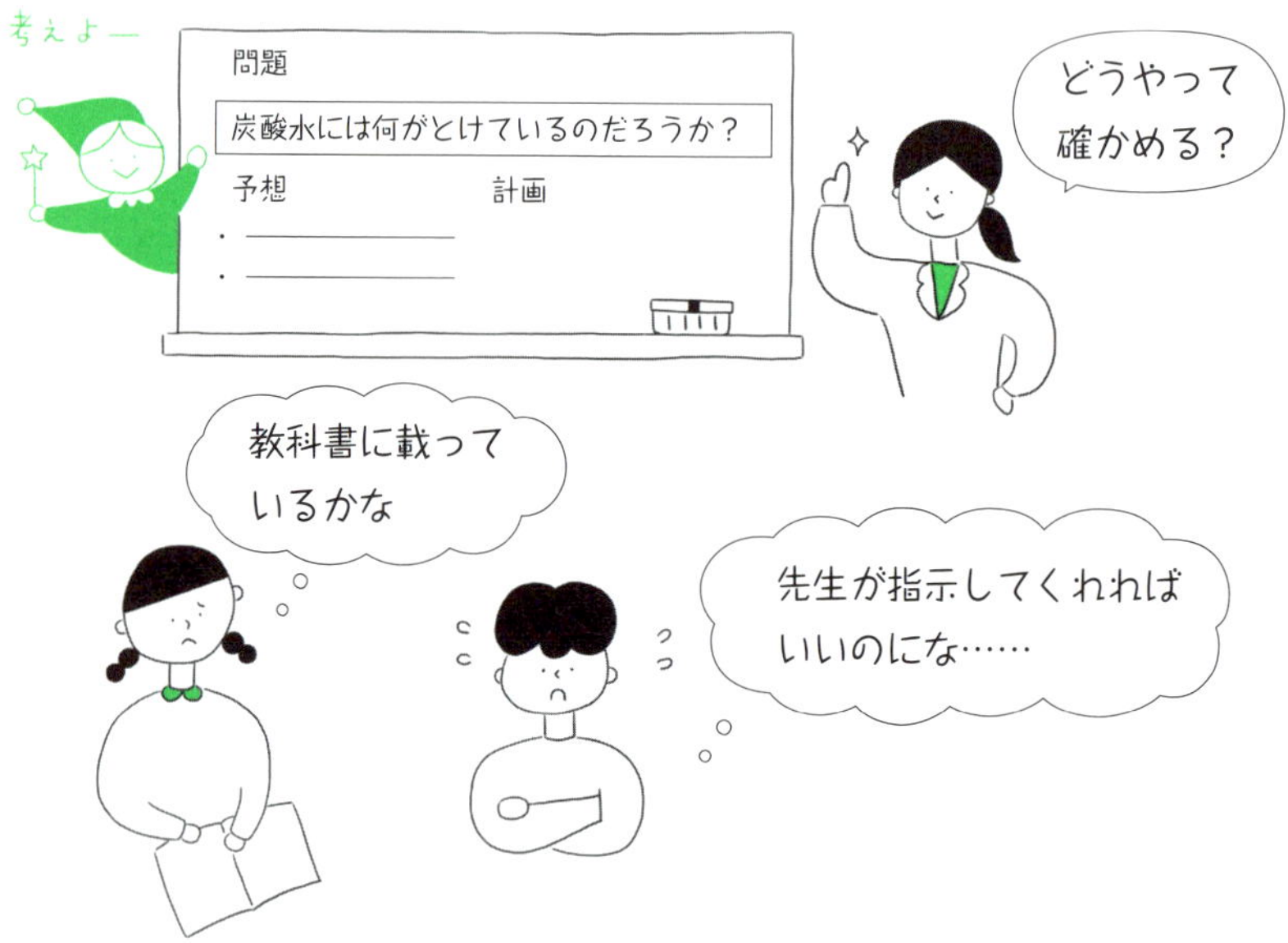

「先生、次は何をするんですか？」こんな子供の声を聞くことはありませんか？

「子供が主体の問題解決」を目指した授業であっても、教師と子供が「教える・教えられる」関係性であったり、教師の役割が「Teaching」であったりすると、子供たちは教師の指示どおりに問題解決を進めていくことになります。

また、いつも教科書をなぞりながら学習を進めていると、子供たちは自分で考えようとしなくなります。教科書は学習を進めていく際のガイドとなるものなので、例えば、実験を手順どおりに正しく行えば、期待される結果や、問題に正対する結論も得られます。

子供は失敗を恐れる傾向が強いため、教師や教科書の指示どおりに動くことで失敗を避けようと考えることもあるで

失敗を恐れずに自分の力で解決しようとする心構えが大切

しょう。

しかし、理科で目指している思考力、判断力、表現力等である問題解決の力を育成するために、子供には、安易に教科書や教師を頼るのではなく、失敗を恐れずに粘り強く自分で問題解決する心構えを培う必要があります。この心構えは一朝一夕で育成できるものではありません。理科の学習を通して時間をかけてじっくりと育てていくことになります。

例えば、単元の指導計画では、子供が自由試行の活動を行うことができるような時間的な余裕を生み出すことも必要です。すべての単元での実現は難しいので、年間指導計画上で重点的に扱う単元を意図的に設定することになります。

また、教師は多少回り道している子供の状況を見ても、教えたくなったり、手を差し伸べたくなったりする感情を抑え、子供の問題解決を後ろから支えてあげる「Coaching」としての役割を意識して臨むことが大切です。

COLUMN 2

子供の「つまずき」にどう向き合う？

■まずはしっかりと現状を受け止める

「やってみよう」のひと声で実験が始まります。開始後の数分は大切な時間。計画通りに実験できず、つまずいている班に目を向けましょう。

第5学年「物の溶け方」の授業で、10gの食塩を正確に量るという手順を飛ばして、50mLの水が入ったビーカーに小分けにされた食塩をいきなり入れてしまう班を目の当たりにしました。子供たちは「水に溶かした食塩の重さはどうなるのだろうか？」という問題を解決しようと実験を計画したはずです。

このような場面で、教師は何をどのように子供に伝えればよいでしょうか。「検証方法が伝わっていない。確認が足りなかったのか……」と自分を責めてしまう気持ちはわかります。でも、このようになったのは、誰のせいでもありません。やりたいことや、やろうとしたことにズレが生じただけです。まずは、焦らずに子供が何をしようとしたのかを聞くことから始めてみましょう。

■「どうしてそうしようと思ったの？」

子供たちにかける言葉は「何をやっているの！」ではありません。「どうしてそうしようと思ったの？」と率直に聞いてみましょう。すると、子供たちも素直に答えるはずです。その回答から、子供が何につまずいているのかがわかります。ただ単純に重さを量るのを忘れていたのかもしれませんし、「重さがどのように変化するかを調べるために、溶かす前と後の重さを比較する」という検証方法自体がわかっていないのかもしれません。同じ行動をとっていても、つまずきの要因は違います。つまずきに向き合うための第一歩は、子供の意図を汲み取ることです。

■「なるほど、そういうことだったのか」

子供の意図が理解できたら、まずは共感すること。なぜズレが生じたのか、子供が何につまずいているのかを共感的に受け止めることで、子供はつまずきを見える化しやすくなり、それがつまずきの解消につながります。

多くの子供がつまずいていれば、実験を止めて全員での確認が必要ですが、一部であれば、教師もその班の一員となって実験の続きを行うのがよいでしょう。そうすることで、そのつまずきに深く向き合えます。どう考えたのかを班で教師と話しながら、子供は実験の意味を再認識できます。

つまずきを減らす指導の工夫、個に応じたケア、授業外での特化した指導など、つまずきを予見しながら、それに応じた構えをもつことが大切です。すべての子供が楽しく学び合う、わかる、できる、深く学べる「授業のユニバーサルデザイン」といった指導の理念も広がってきています。

第3章

授業がうまくいかないとき、どうすればいい？

3 1

体験活動をしっかり設定しても、問題の見いだしができない

体験活動をしっかり設定しているのに……

①引き出したい問題につながらない
影の濃さが違う気がする
影の形が違う気がする
影の向きは？
どうすればテンポが合う？
振り子の長さを変えてみよう
②体験をしすぎて答えが出てしまう

　理科では実体験が重視されています。体験活動から授業を始めると、学級全員が同じ体験を共有しやすくなるので、実感をもって、自然事象から気付きや疑問をもつことができます。

　しかし、体験活動をしっかり設定しても、問題の見いだしにつながらない場合があります。例えば次のような場合です。

①引き出したい問題につながらない

　体験をすれば、教師が引き出したい問題を子供が見いだすわけではありません。その体験の中から、何を問題とするかは人それぞれだからです。「この体験をすれば問題を見いだすのではないか」という教師の思いと、「自分の感じた不思議がそのまま問題となる」という子供の思いとのズレが生じていると言えます。子供たちから問題が出やすいように教師が順序立ててアシストしていく指導

問題を共有するタイミングが重要

が求められるでしょう。

②体験をしすぎて答えが出てしまう

体験をしすぎると、教師が引き出したい問題を子供が見いだせないことがあります。例えば、第5学年「振り子の運動」で音楽に合わせて振り子を作る導入について考えてみます。最初に、子供たちが実際に振り子を触って体験する活動を行い、各班での気付きを発表する時間を設けます。テンポが合わなかった班も一部あり、教師は「どの班もテンポが合うようにさせたい」という意図で、気付きの発表の後に再び体験を設けました。すると、本来なら問題を見いだして予想し、実験計画を立てるという問題解決の過程を辿りながら学びたいところですが、ある班は二度目の体験で簡易な実験を始め、問題を見いだし、その答えを突き止めてしまいました。問題解決のそれぞれの過程を学ぶためには、半分わかっているがすべてはわかっていない状況で止めることも大切です。

子供は自由試行に夢中になっているけれど、楽しいだけでいい？

自由に試す時間は大切

あれ？
スプーン（プラスチック）
スプーン（鉄）
付くと思ったのに
え?!
そうなんだ
ふむふむ
写真を撮影しておこう

活動に対して夢中になることは悪いことではありません。むしろ好ましいことです。子供たちが夢中になるだけの場を準備して提供したのですから。しかし、問題を見いだしてほしい教師は、楽しく活動する子供たちの姿にズレを感じることがあるでしょう。

単元の初め、子供たちが触れることができるようにと、その単元で扱う物をたくさん準備して、様々なことを自由に試す時間を確保することがあります。これを自由試行と呼び、特に中学年で行うことが多いです。

第３学年「磁石の性質」などでは、子供が一人ずつ磁石を持って様々な素材に近付けていきます。磁石遊びのような活動です。教師は子供たちの様子をじっくりと観察することが大切です。どんなものに興味をもつのか、困っている子供が

夢中になるほど、誰かに伝えたくなる

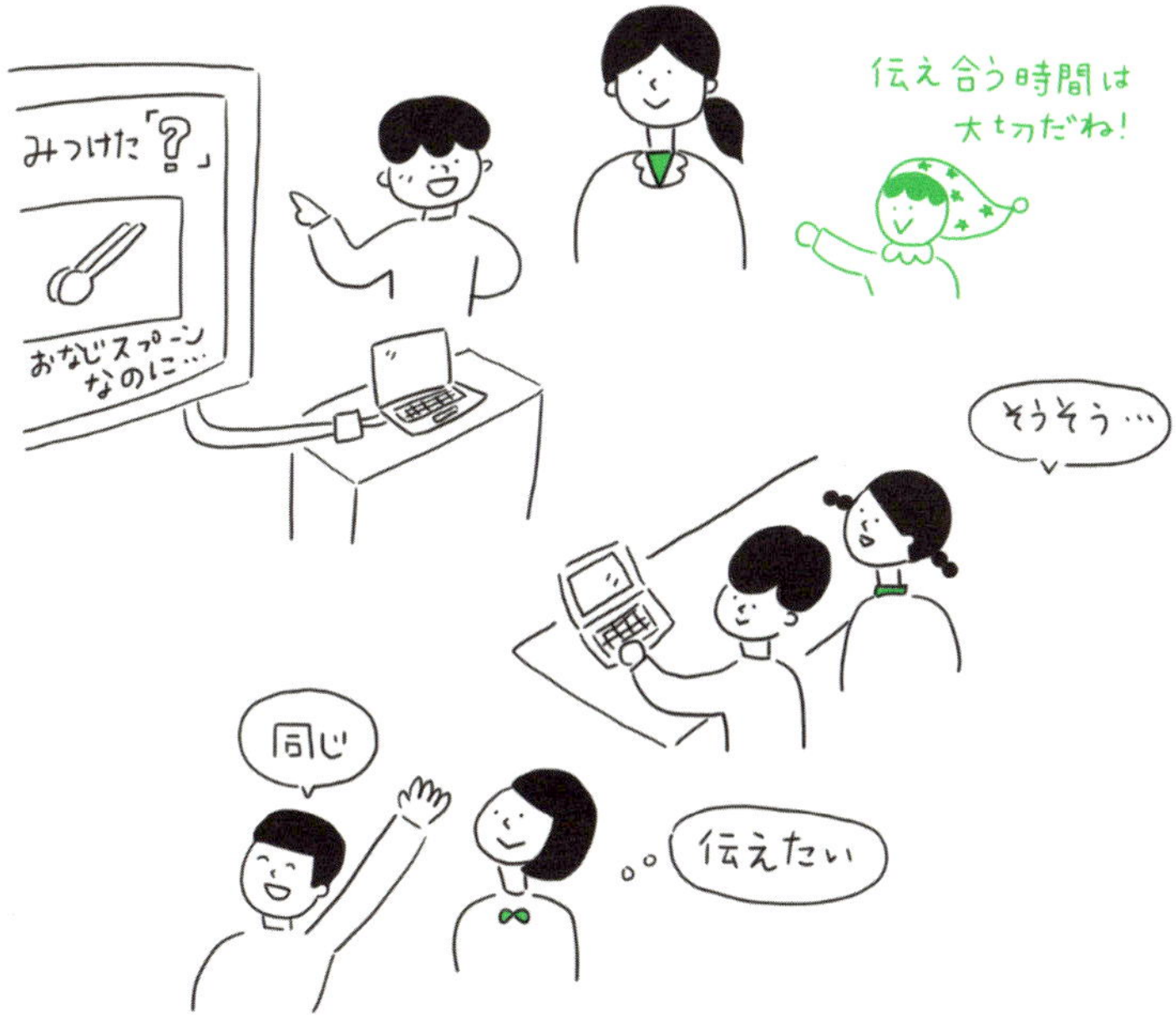

いたとすれば、どのようなことに困っているのか。これからの授業で見るはずの子供の姿が一気に見られるはずです。

夢中になって活動すればするほど、楽しかったこと、不思議に思ったことを仲間に伝えたくなるはずです。子供たちからすぐに疑問が飛び出し、問題が見いだせると考えているとしたら、遅々として進まないことにヤキモキするかもしれませんが、夢中になる時間、仲間と伝え合う時間をできるだけ確保してあげましょう。

教師はカメラを構えて、子供が不思議に感じていたり、夢中になって鉄を引き付けていたりする場面を撮影しましょう。その後、写真を見ながら、「このときはどんなことを考えていたの？」と問いかけ、言語化するための支援をします。そうすれば、夢中になっていたことや疑問に感じたことが言葉として出てくるはずです。問題を見いだす素地ができるというわけです。

問題

3

3 事象を提示する場面で子供の反応がイマイチ、教師が想定した部分に注目しない

見てほしいところに注目しない

事象提示を行う際、子供の反応がよいのはうれしいことですが、反応がよければよいというものでもありません。何に対する反応なのか、反応の中身に着目すべきでしょう。もしかしたら、反応が悪いように見えても、じっくりと考えている可能性もあります。反応の大きさよりもむしろ、子供がその事象提示にどのような違和感をもったのか、そこから何を考えたのかについて着目しましょう。

第4学年「金属、水、空気と温度」では、温度による空気の膨張についての導入として、お湯の中にスポンジ玉で栓をした空のペットボトルをつけると、玉が勢いよく飛ぶという事象提示をすることがあります。教師は、容器の中の空気に何が起きたのか、力を加えていないのに玉が飛んだという違和感や不思議さに、気が付いてほしいという願いをもって事象提

比較をしながら、視点を定めていく

示をします。ところが、子供たちは飛んだ玉や音に気持ちが向いてしまい、肝心な部分に気が付かないことがあります。

そこで、第４学年「空気と水の性質」で学習した「空気は圧し縮めると、元に戻ろうとする力で空気でっぽうの玉を飛ばす」ことに着目できるような提示をすることが大切です。まずは、柔らかめのペットボトルを準備し、圧してスポンジの玉を飛ばします。子供たちは、過去に学んだことなので、当たり前だという顔で見守っています。その後「握ったり圧したりしなくても玉を飛ばせるよ」と言いながら、お湯を入れた水槽に、スポンジの玉を栓にしたペットボトルをつけるのです。お湯につけてしばらくすると、玉は音をたてて飛びます。子供たちは自ずとペットボトルの中の空気がどうなったのか疑問に思うでしょう。

このように、過去に学習したことと今回見せたい事象を比較しながら、子供たちの視点を定めていくことが大切です。

3
4

自然事象からの気付きを、問題の見いだしにつなげられない

子供の興味・関心が学習内容と関係のないことに向かったら

わーい
葉っぱも流してみようよ！
砂が流れているよ
小石も流れているね
流水に注目して──

子供の興味・関心は多岐にわたるため、学習内容と関係のないことに及ぶ場合もあります。また、いろいろな気付きはあるものの、疑問につながらない場合もあるでしょう。このような難しさから、教科書に示されている問題を教師が提示したり、一人の子供が見いだした問題を学級全体の問題としたりするなど、教師にとって都合のよい展開にしてしまうことがあるかもしれません。子供が自ら問題を見いだすことができるようにするためにはどうしたらよいでしょうか。

一つめのポイントは、自然事象を見る視点が明らかになるように教師が働きかけることです。視点は、見いだしてほしい問題から逆算して考えます。例えば、第５学年「流れる水の働きと土地の変化」の学習では、「流れる水にはどのような働きがあるのだろうか」という問題

問題を見いだせるように問いかけや声かけを工夫しよう

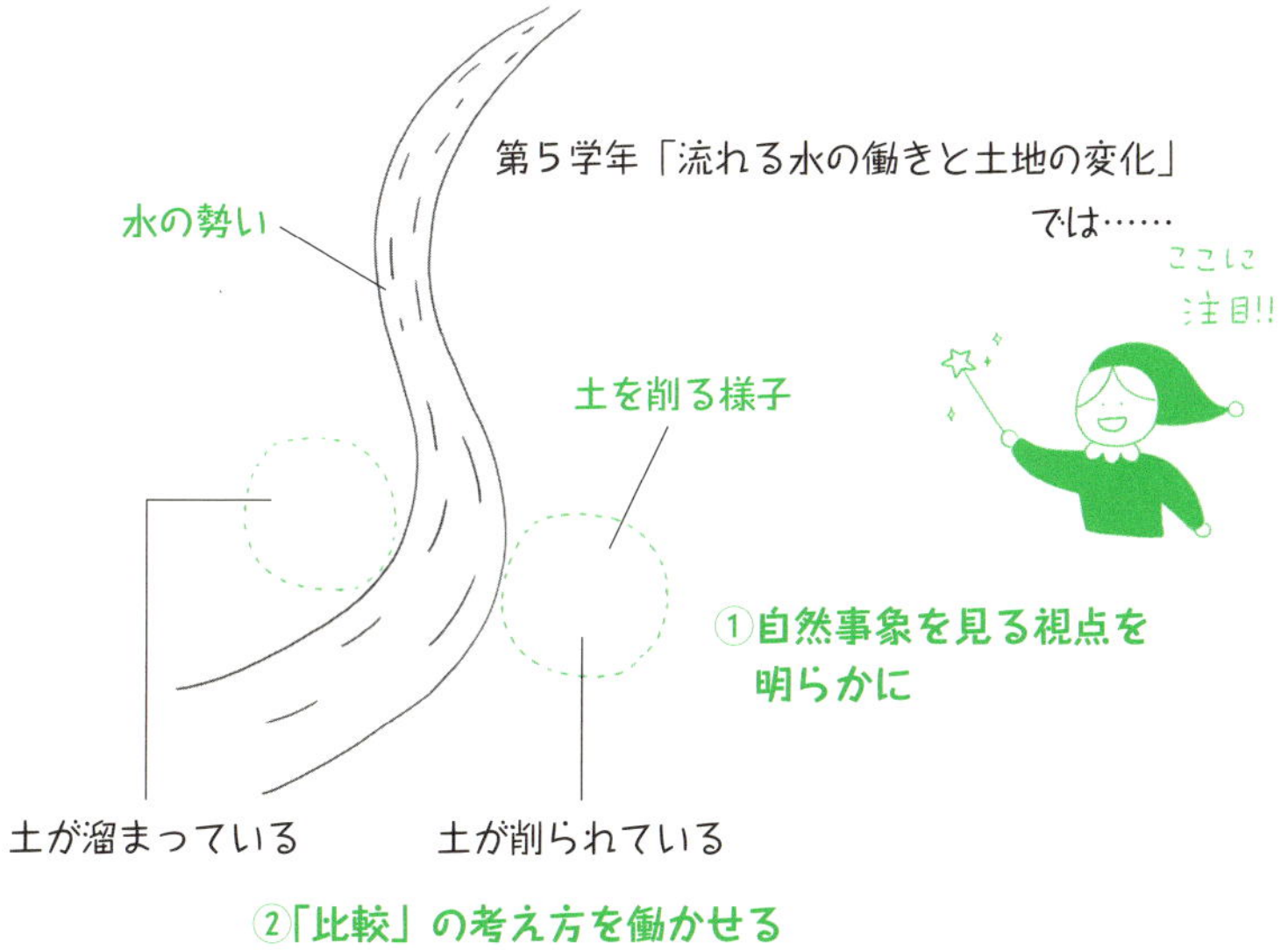
第５学年「流れる水の働きと土地の変化」
では……
ここに
注目!!
水の勢い
土を削る様子
①自然事象を見る視点を
明らかに
土が溜まっている
土が削られている
②「比較」の考え方を働かせる

を見いだしてほしいので、流水が土地を削る様子や削られた物を運ぶ様子に注目することが求められます。しかし、小石や砂が流れていくことに気付くと、流れている「物」に注目して、「他の物も流してみたい」という思いをもつ場合もあるでしょう。その際には、流水に注目できるように、流水が土地を削っているところや流れる水の勢いに注目できるような問いかけや声かけが必要です。

二つめのポイントは、「比較」という考え方を働かせることができるように子供の気付きを整理することです。例えば、映像などで川の様子を観察し、「流れが曲がっているところの外側は土が削られている」「内側は土が溜まっている」という気付きを比較できるように板書で整理するなどして、「どうして外側と内側で様子が違うのだろうか」という疑問をもとに、「流れる水にはどのような働きがあるのだろうか」という問題を見いだすことができるようにします。

3
5

「教師が教えてはいけない」と意識しすぎて、子供から問題が出てこない

教師が教えることを恐れるあまり……

子供自身が主体的に問題解決に取り組むことを重視するあまり、「教師が教えてはいけない」と強調されることがあります。

わからない子供がいるにもかかわらずどんどん教え込もうとすれば、「子供の理解を無視している」「考えさせるというよりも教え込んでいる」「教えたという事実をつくって安心してしまっている」などの問題が生じるからです。

しかしその反面、教師が教えることを恐れた結果、「教えないといけないことを教えない」「押さえるべきことを押さえない」といった事態が起こり、子供が問題を見いだすことができない状況に陥っている場合があります。

①子供が知らないことは教えてよい

子供がそもそも知らないものについては、あらかじめ教える必要があります。

子供が知っておくべきことはきちんと伝えよう

例えば、振り子の授業の導入では、まず「振り子」というものを最初に教える必要があるでしょう。振り子自体が子供たちの日常生活に存在しない可能性もあるので、教えないと何も始まらないのです。限られた時間内で充実した学習を行うためには、子供たちが知っておくべきことははっきり教える必要があります。

②あらかじめ視点を示す

活動にあたって押さえるべき視点は、教師が伝えておく必要があります。例えば、運動場で春の生き物探しをしようとしているとき、何も視点を指示せずに運動場に出たら、どうなるでしょうか？活動後に「何か気付いたことはある？」と聞くと、春の生き物と全く関係ない気付きが出てきて、求めたい問題を見いだせないことがあります。

このように、授業を進めていく中で、教師が伝えるべきことが要所要所にあります。それらをあらかじめ順序立てて確認し、授業に臨みたいものです。

問題

3
6

教卓で演示しようとするけれど、なかなか集中してくれない

教卓での演示実験が
うまくいかないのはなぜ？
①集中しにくい
環境である
ちゃんと
見てねー
ワイ
ワイ
早く進めないと
この中に…
②集中していないことに教師が気付いていない

教卓の前などに子供たちを集めて、みんなで事象を観察することがあります。これを「事象提示」や「演示実験」と呼びます。教師が実験をして、子供たちに事象を見せることが目的です。

教師は「集中して見てほしい」と思っていても、子供たちはなかなか集中できないときがあります。

①集中しやすいルールをつくる

理科の授業では、教卓の前に集めることが多く、一時間で複数回移動することもあります。毎回自分の机から移動するたびに、子供たちは興奮し、友達同士で押し合ったり、何重にも列ができて後ろの子供から実験が見えなかったりします。このとき、後ろの子供が見えないにもかかわらず、授業を進めてしまっていることがあります。「前に集まっていれば、みんな見ているだろう」という教師

子供たちの様子をきちんと把握しよう

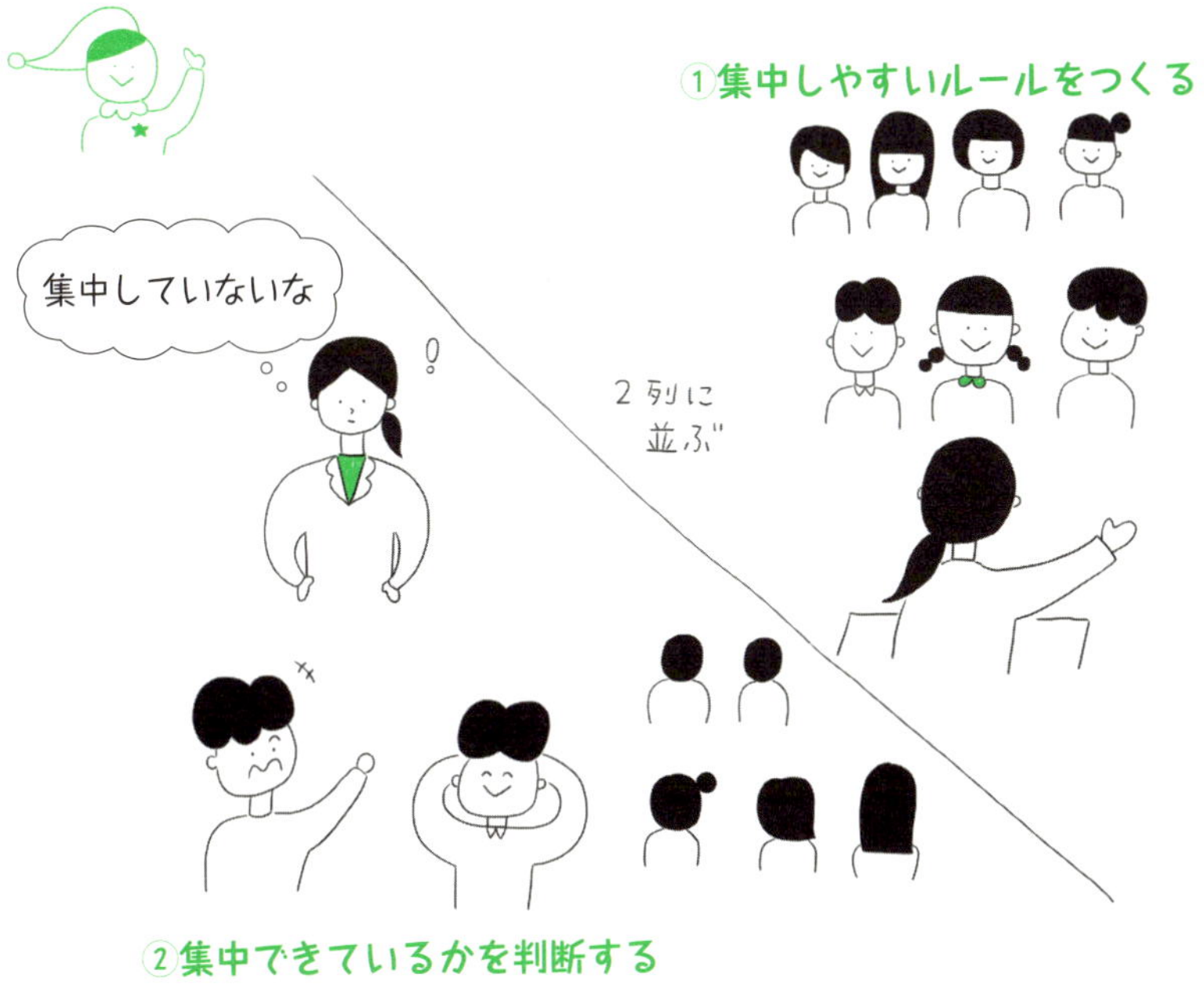
①集中しやすいルールをつくる
集中していないな
2列に並ぶ
②集中できているかを判断する

の意識と、子供の実態との間にズレが生じているのです。教卓に近い子が椅子をもって1列目に並び、遠くの子は身一つで2列目に並び、全体で2列になるルールをつくるだけでも、集合が早くなり、集中しやすくなります。

②集中できているかを判断する

子供たちが集中できていないにもかかわらず、授業を進めてしまっている場合もあります。その原因として、「授業を進めようという意識が強い」ことや「集中できているかどうかの判断レベルが甘い」ことが考えられます。特に後者には、「子供の近くで実験しているのだから見ているだろう」という教師の思い込みがあるでしょう。

一呼吸置かずにどんどん先に進めるような授業では、特にこのような状況がよく見られます。一度子供たちの様子を見回して状況を把握したり、時には他の学級と自分の学級の子供の様子を比較したりするようにしましょう。

3 7 子供が生活経験や既習内容に根拠を見つけられず、予想をうまく表現できない

根拠が見つけられないのはなぜ？

①一部の子供しか経験していない
お風呂のお湯は上と下でどう違う？
え？上と下？
あー なるほど
振り子は、これまでの生活で出会ったことがないからわからないな
うーん
ほんとに？
②生活経験や既習内容とうまく関係付けられない

子供が予想する際、教師はその根拠も求めます。根拠が書けないような場面であれば、「根拠のある予想が書けるかどうか」を評価してはいけません。

子供が経験してきた日常生活や授業での既習内容を目の前の事象に適用させることができず、「なんとなく予想している」場合や「どう説明したらいいかわからない」場合があります。例えば、「日なたの地面の方が温かい」という予想の根拠が、「日なただから」というトートロジーに陥ってしまうこともあります。

教師が「あの生活経験から根拠を示すはずだ」と思っていても、一部の子供しか根拠が書けなかったり、生活経験はあってもうまく関係付けられなかったりする場合もあるでしょう。子供が予想をうまく表現できるようにするにはどうすればよいでしょうか。

子供の実態を知り、子供の経験をもとに根拠を引き出そう

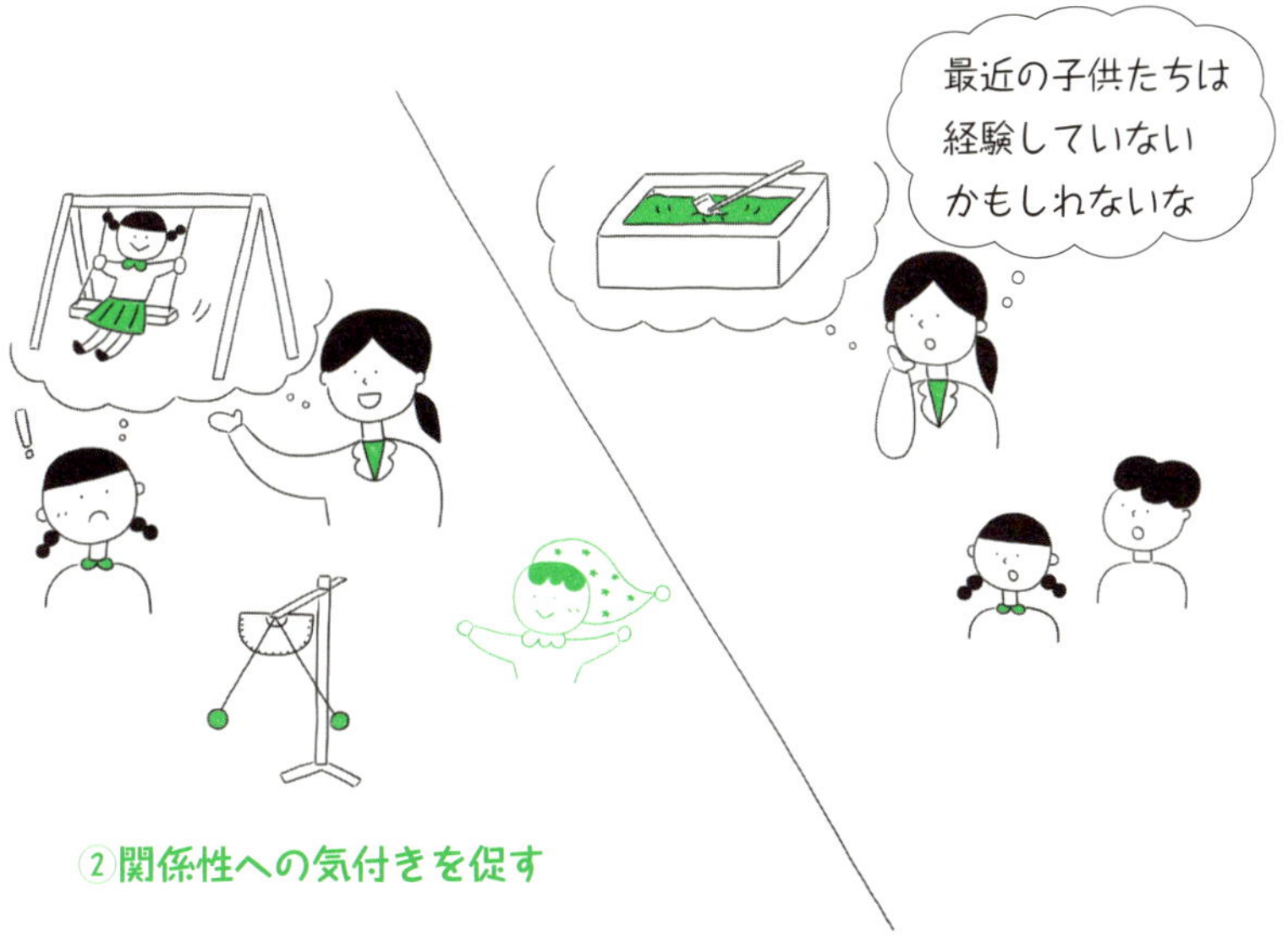

①どの子供も経験しているか留意する
最近の子供たちは経験していないかもしれないな
②関係性への気付きを促す

①どの子供も経験しているか留意する

既習内容は学級全員が経験しているはずですが、生活経験は全員に共通しているとは限りません。例えば、お風呂のお湯をしばらく置いておくと上の方は温かく、下の方が冷たくなるという事象は、現在のような自動湯沸かしの場合にはなかなか経験できないでしょう。教師が想定している根拠と、子供が考えている根拠にズレが生じることがあります。教師が想定している根拠を子供が経験しているか留意する必要があるでしょう。

②関係性への気付きを促す

根拠となる生活経験や既習内容をもっていても、目の前の事象とうまく関係付けられない場合もあります。その関係性への気付きを促すような、教師の働きかけが必要となるでしょう。

教師自身が子供の生活経験の実態を知ろうとすることが大切です。子供の経験が少ない場合は、予想の根拠についての説明を無理強いしないようにしましょう。

3
8

予想をイメージ図で表したけれど、検証できない内容が多い

図や絵だと表現しやすいというメリットはあるけれど

水の粒と粒の間に食塩の粒が
入り込んで見えなくなるから……
水
食塩
なるほど…
この考えが合っているか、
どうやって調べるのかな……

理科の学習では、子供たちが自分の考えを表現する場面がたくさんあります。問題に対する予想を表現するのも、その一つです。表現する方法は言葉や文だけではなく、図や絵を用いることもあります。とりわけ、言葉で表現することが苦手な子供にとっては有効な手段となるでしょう。

目に見えない内容を扱うエネルギーや粒子に関する内容では、言葉よりもイメージ図のほうが表現しやすい場合もあります。例えば、第5学年「物の溶け方」では、「水に溶けて見えなくなった物はどうなったのだろうか?」という問題に対して、ビーカーの中に水や食塩の粒を描いて、「水に溶けた食塩は見えなくなっても水の中にあると思う。なぜなら、食塩が溶けた水はしょっぱいから」と予想することもあります。

既習の内容や生活経験をもとに
発想することが大切

これまでに学習したことを当てはめて考えてみたらどうかな？
もしその予想が正しければ、どんな実験結果が出るのか、見通しをもてるかな？
なるほど
妥当性を検討しよう！

　このように図や絵を用いることで、予想が表現しやすくなります。しかし、想像の世界が自由に広がり、都合のよいイメージ図をつくることもできるため、結果としてその予想を科学的な手続きで検証できない場合もあります。先ほどの授業場面では「水に溶けた食塩が見えなくなってしまうのは、水の粒と粒の間の隙間に食塩の粒が入り込んで……」というような予想が発表された様子を見たこともあります。

　検証できない予想にならないようにするためには、予想を発想する際に、当てずっぽうではなく、既習の内容や生活経験をもとにするように伝えておくことが大切です。また、発想した予想や仮説を確かめるための観察や実験の方法も同時に考え、もしその予想が正しかった場合に得られる観察や実験の結果を見通しておくことも有効です。このような過程で予想の妥当性を検討し、必要に応じて予想を見直すようにします。

39

端末で共有したものの、自分の予想に一生懸命で、仲間の予想に目を向けない

端末を共有モードにすれば、共有できたと思っていない？

子供たちが、自分の予想をICT端末に打ち込んでボタンを押すと、教師の画面では、興味深い予想が次々と表示されます。教師はよかれと思い、子供同士の予想を見合える共有モードに切り替えるものの、仲間の予想には目が向かないことがあります。もしかしたら、自分の予想に没頭するあまり、共有されていることにも気が付かないかもしれません。

このような事態に陥らないようにするためには、共有モードにする前の声かけに工夫が必要です。仲間がどんな予想をしているのか、いくつか紹介しながら、どの部分に予想のズレが出ているのかを示します。そうすることで、お互いの予想を読む視点ができるのです。

また、その違いが明確になったら、お互いの立場を判別しやすくするために、画面の背景の色を指定したり、何らかの

仲間の予想が読み取りやすくなる工夫をしよう

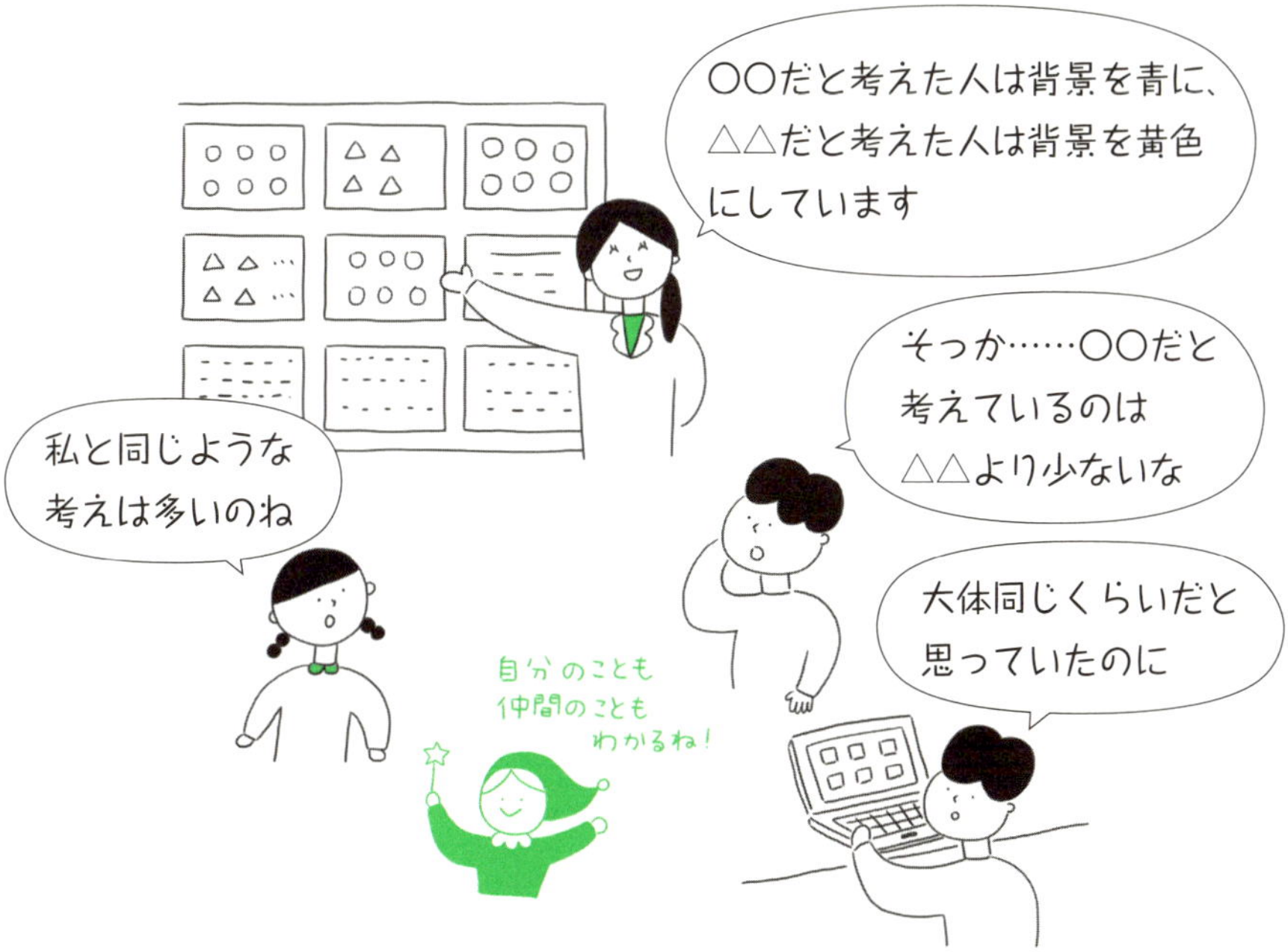

マークを付けたりするなどの方法もあります。「〇〇だと考えた人は背景を青、△△だと考えた人は背景を黄色、どちらか決めかねている人は緑にしてください」などと伝えると、多数派か少数派か、色の違いですぐに判断できます。

これは、相手の立場を知った上で仲間の予想を読むことができるという利点のほかに、自分の立場を明確にするという利点もあります。これらの利点によって、読み取り方が変わってきます。自分の立場や考えをもとにしながら、仲間の予想を読むことができるので、主体的な参加が可能になるのです。

また、立場を決めかねていて、迷っている子供にとって、迷っているという意思表示は決してネガティブではありません。「どんなことで迷っているの？」という問い返しを行ったり、悩んでいることも書き込んでという声かけをしたりすることで、他の子供にもより深く考えることを促す効果もあります。

3 10

個別実験をしたことで、仲間の実験結果を踏まえて協働的に結論に向かうことが難しくなった

個々の実験を踏まえて、どう結論に向かえばいい？

ぼくは、しぼんだボールにお湯をかけてみた
私は、空のフラスコに、ゼリーを入れたガラス管を付けて温めてみた
ゼリー
しぼんだ風船にお湯をかけたよ
みんな、それぞれの方法で確かめたね
さて、どうやって結論を導きだそうか
同じ問題をいろいろな実験で確かめたんだね

それぞれが検証したいことを明確にしながら観察や実験を計画することが大切です。特に5年生以上だと、解決の方法を発想するという問題解決の力が重視されるので、個々の実験計画が大きな意味をもつでしょう。自分なりの方法で結果を出すところまではよいのですが、仲間が行った実験の結果を読み取ることは、状況が異なるため、難しいこともあります。

それぞれの行った実験のオリジナリティが高い場合、仲間の実験結果とともに結論を導きだそうとすることは至難の業です。そもそも実験を計画した本人の説明もなく、何に視点を当てて結果を読み取ればよいのかを理解することは難しいでしょう。

このような場合は、全員のオリジナル実験の結果を読み取って結論に向かうことはあきらめましょう。それよりも、自

予想の共通理解を図った上で、実験方法を説明し合う時間をとろう

分自身で予想や仮説の検証方法を編み出したことに価値があり、もしうまくいかなくてもより確実な実験へと改善しようとする姿が見られる可能性があります。

　そうは言っても、結論を独りよがりのものにしたくはありません。問題を科学的に解決するためには、実証性、客観性、再現性といった側面からの検討が必要です。時間はかかりますが、実験の前に自分の実験を仲間に説明する時間をとり、一人につき2〜3の実験には、関心がもてる状態をつくることをおすすめします。自分が考えた実験方法が他者に理解されるのか、矛盾するところやうまくいかないと予測されることはないかを確認することで、実験がよりよいものになることもあります。また、自分の予想がもし正しければ○○くんの実験ではどんな結果になるだろうかと考えることにも意味があります。そのためにも、予想は学級全体で話し合い、共通理解を図っておくことが重要です。

3
11

子供にとって、観察や実験自体が目的になっている

観察や実験は何のためにするの？

「理科の学習が楽しい」と感じている子供の多くは、その理由として「観察や実験がある」ことを挙げます。頭で考えるだけでなく、目の前の自然事象を対象に、手を動かして観察や実験をすることに魅力を感じている子供が多いのかもしれません。

一方で、問題意識がないまま、観察や実験を行うと、観察や実験自体が目的となってしまい、何のためにその観察や実験を行うのかをわかっていない場合もあります。理科の学習では、観察や実験自体が目的ではないことを子供が意識できるようにすることが大切です。

理科の学習では、強い問題意識が原動力になります。問題に対して「〜だから、きっと……」といった予想や仮説があれば、その真偽を確かめるために観察や実験をする必要感が生まれます。

結果の見通しをもてるように工夫しよう

問題意識がなければ、観察や実験が必要感の伴わない単なる作業になってしまい、教科書と同じ結果、あるいは、教師が期待している結果を得るための活動になってしまうでしょう。

また、予想や仮説が曖昧であったり、予想や仮説が証明された際に得られる観察や実験の結果の見通しがなかったりする場合も同様です。

子供は、観察や実験に没頭する傾向があります。これは素晴らしいことですが、解決しようとしている問題を見失ってしまう場合もあります。このような事態を避けるために、観察や実験の前には予想を明確にし、その予想や仮説が確かめられると、どのような結果が得られるかをノートや板書に記述しておきましょう。そうすることで、観察や実験の最中にも予想や仮説に立ち返ることができます。観察や実験中に教師から問いかけ、目的を確認することも有効です。

3
12

いつの間にかものづくりが目的になってしまい、仕組みを知ろうとする流れがつくれない

学習とは関係ないところに夢中になりがち……

たしかにものはつくっているけれど……
電池ボックスがうまくくっつかないよ
私は車をもっとかっこよく飾り付けたい！
がんばるところはそこじゃないよー

「あれ、ここがうまくはめられない。どうしたらいいんだろう」と熱心に取り組む子供がいました。電流の働きを学ぶため、モーターカーを組み立てていたところ、電池ボックスがどうしたらうまく取り付けられるのかが深刻な問題となっていたのです。また、磁石を使ったおもちゃを作る場面では、模様やカッコイイ形にすることに気持ちが傾いてしまい、磁石の性質を生かそうとする姿が見られないこともあります。

このような事態に陥らないようにするためにも、理科のものづくりは極力シンプルにすること、細かな飾りよりも、まずは本体が思うように使えること、動くことを優先させましょう。

対象としている事象の働きが生かされていれば、出来栄えは問題になりません。電池ボックスの取り付けに困ってい

仕組みや性質が生かされていることを実感するためのものづくり

どのようにつくりかえたか、
わかりやすくまとめられているね
ぼくは、速く走る車から
電池が長持ちする車に
つくりかえたよ
学んだことを
生かしているね

るようであれば、固定させるところは教師が手伝います。しかし、導線を電池ボックスにつなげるところは、回路の学びが生きるところなので、子供自身が行うように促しましょう。メリハリのある支援が大切です。

特に、キット教材などを使う場合、説明書に学習内容が網羅的に書かれていることもあるため、注意が必要です。学習内容を情報として知り得てしまうと、導線をねじったり、タイヤの向きを調整したりすることなどに夢中になってしまう危険性があります。手段と目的が入れ替わり、本末転倒になってしまうのです。

ものづくりの目的の一つは、学習しているものの仕組みや働き、性質が、自分がつくったもの（おもちゃや道具）に生かされていることを実感することです。ものづくりという手段を通して、より深く学ぶという目的に向かうことが大切なのです。

3
13

楽しい活動に終始してしまい、学習に深まりが見られない

楽しいだけの活動になっていない？

観察や実験などの体験を伴う活動は楽しいものです。観察や実験を通して、自然事象の変化に感動することもあるでしょう。

しかし、理科の学習では、楽しい体験だけで終わるわけにはいきません。観察や実験などの体験を通して、予想や仮説の真偽を検討したり、結論を導きだしたりするなどして、資質・能力を育成することが目的だからです。

例えば、第3学年「光と音の性質」の学習では、虫眼鏡を使って光を集め、色の濃い紙に当てる活動が展開されることがあります。明るさが増して徐々に煙が出て、紙が焦げる様子を観察するという興味深い活動です。しかし、紙を焦がすことに夢中になり、虫眼鏡で日光を集めたところの大きさまでは考えが及ばない場合があります。

楽しみながら、資質・能力を育める活動にしよう

このような場面では、活動に入る前に、鏡で跳ね返した光を重ねたときの経験を想起し、「虫眼鏡に入ってきた日光をできるだけ一か所に集中させれば、温度が高くなるはず」といった予想を発想できるようにすることが大切です。あわせて、昆虫を虫眼鏡で観察したときの経験を想起しておくと、やみくもに虫眼鏡を操作する行動を防ぐこともできます。

また、活動の途中では、煙が出たり紙が焦げたりしたときとそうでないときの日光を集めたところの様子を比較しながら捉えられるようにすることが大切です。煙を出したり紙を焦がしたりすることだけに意識が及ぶ場合には、日光を集めたところを小さくすると煙が出たり紙が焦げたりするといった「原因と結果」の関係で捉える見方を働かせるようにすることも考えられます。

このように、予想や仮説と比べたり、途中で考えを共有したりして、考察が深まるようにすることが大切です。

3
14

観察や実験のときに、子供が見るべきところを見ていない

目的はわかっていても、見るべきところがわかっていない場合も

とりあえず全体が
映ればいいよね
そうなの？

観察や実験をする際、教師は、問題や予想、実験方法を確認すれば「すべきことはわかっているだろう」と思いがちですが、実はそこにズレが生じています。

班ごとに観察や実験を行う際、必ずしも全員が明確な目的をもっているわけではなく、「班の誰かが進めてくれているから、一緒にやっているだけ」という子供がいるかもしれません。また、「すべきことがわかっていること」と「何を見て、何を確認すればよいかわかっていること」とは別です。具体的に何を見て、どうなっていれば何が言えるのかについてはわかっていない子供もいるかもしれません。

「結果の見通し」（自分の予想が確かならば、どのような結果になりそうか考えること）を観察や実験の前にもてるようにしておけば、「何を見て、どうなるこ

結果の見通しをもつことで、観察の視点を獲得しよう

その予想が確かなら、どんな結果になりそう？何を見て、どうなることを確認すればいいのかな？
水を増やしたら溶ける量が増えると思う。ビーカーの中の様子に注目しよう
いいね

とを確認するのか」「どうなったら何が言えるのか」について、子供たちがしっかり押さえて観察や実験に取り組むことができるでしょう。このような段階を踏まずに、観察や実験に進むと、視点をもたないままになってしまいます。

　そのような状態では、実験の様子をＩＣＴ端末で撮影するよう指示しても、必要な写真や動画が撮れていないこともあります。子供が観察の視点をもっていないと、撮るべき写真や動画が撮れないのです。意図もなく、記録としての「引き」の構図の撮影と、観察の視点をもった「寄り」の構図の撮影とでは、撮影の仕方が異なります。何をどのように撮れば、必要な情報が残せるかをあらかじめ考えることも、視点を明確にする手立ての一つになるでしょう。

　学級の全員が観察の視点をもって取り組むために、結果の見通しが大切です。

3
15

実験を始めた後に、子供から器具の使い方の質問が出たり、間違った使い方をしていたりする

なるべく子供に任せようとしたら……

以前も使ったのに……
先生、これどうやって使うんだっけ？
忘れちゃった？

観察や実験を行う際、子供たちが自分自身で方法を考え、自分自身の力で観察や実験に取り組んでほしいという願いから、教師は「これまでも行ったような実験だから、自分たちでできるだろう」などと考えます。しかし、ここに教師と子供とのズレが生まれます。

実験を始めた後に、子供から器具の使い方の質問が出たり、間違った使い方をしていたりといったことはないでしょうか。これは、「器具の使い方を教えていなかった」「以前は使ったことがあるが、使い方を忘れている子供が多かった（定着していなかった）」「使い方を丁寧に押さえていなかった」など、教師が意識できていなかった点に原因があります。

実験開始前に子供たちに実験方法を確認せずに、「できるだろう」と判断して始めてしまっていることが考えられま

忘れてしまっていることを前提に、再度確認しよう

す。子供たちとの対話を大切にしながら授業を進めましょう。

子供も大人も、時間が経つと忘れてしまうことはよくあります。したことはぼんやり覚えていても、具体的な使用方法は忘れてしまったということもあるでしょう。器具の使用方法をしっかり覚えている子供がどれだけいるか考慮する必要があります。

心理学では、時間経過に伴って記憶が減少するメカニズムが証明されていて、一週間も経てば三割も覚えていないというのです。しかし、忘れてしまう前に復習を繰り返すことで、効率的に記憶することができるというのが「エビングハウスの忘却曲線」です。

ここからわかることは、「時間が経つと忘れてしまう」という前提に立って、必要なことは実験前に再度押さえることが大切だということです。一部の人がわかっているだけではなく、学級全員が理解した上で取り組みましょう。

3
16

実験準備や片付けをどこまで子供に任せていいの？

すべて任せたら、
時間が足りなくなりそうだから……

班ごとにトレイを
持っていってね
はーい
いつもこれだと……

　実験を行う際、子供たちにどの程度まで準備をさせますか？「時間もないし、子供たちに任せたら大変！」「実験を通して知識や技能が身に付けばいいので、準備はそこまでやらせなくてもいいかな」などと考える先生も多いのではないでしょうか。

　実験に必要な道具を班ごとのトレイに集めておき、実験が開始する際にトレイごと配るという方法を実践している先生もいるかもしれません。もちろん、実験に時間がかかる場合や、その後の考察の時間を確保したい場合などは、その方法も有効でしょう。

　しかしながら、一年で一度も子供自身が実験の準備をしないというのも考えものです。理科では、子供自身で問題を解決する力を付けたいのです。問題を解決するために何を調べるのかを明確にし、

年間に数回は、子供自身が準備をする機会を

どのように調べるのかを考えます。実験道具の準備も子供自身が行うからこそ、問題解決の過程を経験したことになるでしょう。

毎回、実験器具を子供が準備することは現実的ではありません。中には初めて使用する器具もあり、その場合は教師が提示する必要があるからです。そこで、年間に数回程度、子供自身が準備をする機会を設けるとよいでしょう。

子供たちが準備する際には、目的や実験方法に対して必要な器具をイメージすることや、どこに何があるかという道具の置き場所を確認しておくことが必要です。あらかじめ教師の指導が必要だということです。

片付けにも同じことが言えます。ガラス製品は拭かずに乾かすことや、元の置き場に戻すこと、戻す際にはきれいにすることなど、ルールの確認が必要です。

3
17

観察は熱心だけど、記録やスケッチへの意欲が低い

記録やスケッチへの意欲を高めるにはどうする？

「生命」を柱とする領域には、昆虫や植物の成長、卵の中や母体内の成長など、成長の様子を捉える学習が多く含まれます。実験とは異なり、成長の様子は目の前ですぐに変化が見られるわけではないため、記録することが求められます。

しかし、子供は観察には意欲的に取り組むものの、観察したことを記録する場面になると、ワークシートやICT端末への記録を面倒に感じたり、絵に苦手意識があったりして、意欲的に取り組むことができない場合もあります。では、観察記録を意欲的、継続的に取り組むためには、どのような工夫が考えられるでしょうか。

まずは、観察する視点を明確にすることです。観察対象から得られる情報は多岐にわたります。そのため、どこに着目して観察すればよいのかわからなくなっ

どこに着目するのか、何を記録するのかという意識をもたせよう

ている場合があります。

初発の観察によって生じた疑問を取り上げ、どこに着目して継続観察するのかを明確にした上で、その後の変化に関心をもつことができるようにします。例えば、第３学年「身の回りの生物」では、発芽後のインゲンマメの子葉は葉と様子が異なることから、子葉が葉と同じように大きくなっていくのかといった疑問を取り上げ、子葉に着目して継続観察することと、その変化を捉えるために記録する必要性を感じられるようにします。

観察する視点が定まった後には、何を記録すべきなのかを意識できるようにします。スケッチでは見たものを正確に描くことが求められますが、そのことばかりに集中してしまうと、何を目的としたスケッチなのかを見失ってしまうこともあります。見いだした問題、予想や仮説に立ち返りながら、記録すべき内容を確認できるようにすることが大切です。

3
18

結果を整理する際、子供が不明確な表現を使っている

どちらの意味にもとれるような曖昧な表現には要注意！

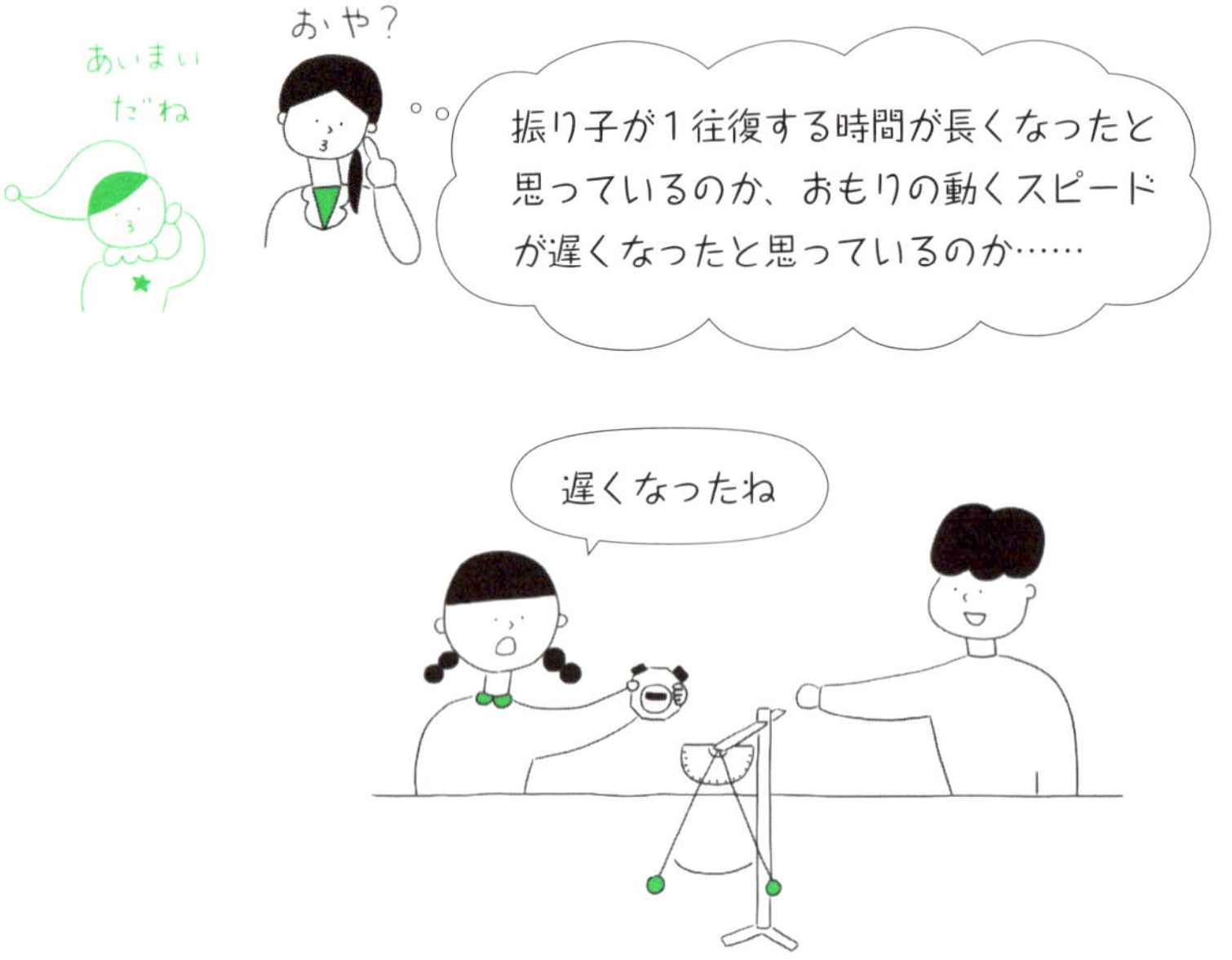
あいまいだね
おや？
振り子が１往復する時間が長くなったと思っているのか、おもりの動くスピードが遅くなったと思っているのか……
遅くなったね

「主体的・対話的で深い学び」の視点による授業改善が求められる中、「対話的な学び」として、問題の設定や検証計画の立案、観察や実験の結果の処理、考察の場面での意見交換や議論などを通して、自分の考えをより妥当なものにすることが求められます。

このような場面では「大きい／小さい」「早い・速い」「時間が長い」「遅い」などのように、状態を表す言葉を使う場面が多くあります。しかし、その言葉の使い方が曖昧だったり、間違っていたりする場合が見られます。具体的な場面を見てみましょう。

第4学年「空気と水の性質」では、閉じ込めた空気を圧したときの体積の変化について、「体積が減った」「体積が小さくなった」といった表現が使われることがあります。一見同じ意味のようです

どちらの意味で使用しているのか
丁寧に確認しよう

が、ここでは出入りのない閉じ込めた空気が対象なので、意味が全く異なります。「体積が減った」と表現した場合には、空気を圧すことで量が変化したと捉えているのか、体積が小さくなったと捉えているのか、丁寧に確認する必要があります。

第5学年「振り子の運動」では、振り子が一往復する時間を変える要因を見つけるために、振り子の長さやおもりの重さをかえて、振り子が一往復する時間を計ります。計っているのは時間なので、「時間が長くなった／短くなった」という表現が正しいですが「遅くなった／速くなった」と表現している場面も見られます。「おもりが戻ってくるのが遅くなった」「振れるスピードが速くなった」と表現している場合は、振り子が一往復する時間として表現しようとしているのか、おもりが動くスピードを表現しようとしているのかを確認する必要があります。

3
19

想定外の実験結果が多くてどうしよう……都合のよい結果だけで考察する？

教師としては、結論がスムーズに導きだされるようにしたいけど……

「都合のよい結果」とは、解決したい問題に対する結論がスムーズに導きだされるような、教師にとって都合がよい結果という意味です。

当たり前のことですが、本時で子供にどのような知識を獲得してほしいのか、教師はあらかじめ考えます。その知識を獲得できるように、問題解決の活動を構想していくのです。そのため、教師は観察や実験の結果を見た瞬間に、考察から結論の導出までの流れがイメージできます。イメージできるからこそ、教師にとって想定外の結果が出ると、内心「困ったなあ」と思うわけです。

しかし、実験を楽しんでいたものの、結果には関心を向けない子供もいるかもしれません。また、子供が問題に対する予想の確からしさを、観察や実験で検証しようという意識をもっている場合で

教師の都合で結果を取捨選択しないために

方法1 操作ミスなどの予防

指導に生かそう

しっかり予備実験をしよう

方法2 結果の見通し

自分の予想が正しければ、どんな結果が出るかな？見通しをもとう
結果も想定しておくんだね

あっても、教師にとっては想定外の結果が、子供にとってみれば「ほら、思ったとおりだった」という反応にもなりえます。観察や実験の結果は、人によって違う意味をもつ場合があるということです。子供たちが観察や実験から得た結果を、教師の都合で取捨選択してはいけません。子供たちが得た結果はすべて、考察する際の拠り所にすべき重要な情報なのです。

では、どのようなことに気を付ければよいのでしょうか。

まずは、教師が予備実験などを行い、適切な指導を行うことで、実験器具の操作ミスなどをなくしましょう。

それから、観察や実験を行う前に、「自分の予想が正しければ、この実験の結果はこうなるはずだ」という「結果の見通し」をもつことができるように指導しましょう。そうすれば、実験の結果が明らかになった瞬間から考察を始めようとするでしょう。結果を大切にする子供の姿を価値付けていくようにします。

3
20

実験結果がバラバラになってしまい、子供が結論に向かおうとしない

客観性を大切にしているからこそ結論を出そうとしない

実験結果がバラバラになっているのであれば、結論に向かうべきではありません。実験は、子供たちの予想を検証するという目的をもった活動です。子供たちがその目的を明確にもっているからこそ、この結果では予想の検証ができていないと考えているのでしょう。すなわち、結論を今日は出さないという合意形成をしているのです。

結果がバラバラだから、結論に向かえないと子供が考えているのだとすれば、それは素晴らしいことです。なぜなら、子供たちが客観性を大事にしているからです。問題を科学的に解決しようとする態度を身に付けていると言えます。「どうして結論に向かえないの？」「結論に向かえないと思わせているものは何？」と問い返してみることで、子供たちが大切にしている考えを引き出すことができま

問題解決の過程を見直す機会にしよう

「再」実験はただ２回目というだけではなく、精度を上げた実験

す。実験がうまくいっているときには味わえない素晴らしい機会となるでしょう。

もし、そのような状況になったときは、学級全体で問題解決の過程を見直してみてください。実験方法に改善の余地があるのか、予想の話し合いのときに検証すべきことが明確にならなかったのか、これまでのプロセスを見直す機会となるはずです。改善点が見つかったときは、どのようにすると予想が検証できるのか検討しましょう。

この見直しを経て、改めて実験を行うとき、子供たちの問題解決の力はレベルアップしたことになります。二度目の実験は、「再」実験とは言いつつも、精度を上げた実験です。初めの実験とどこが変わったのか、何に気を付けたのかを意識することで、考察もより深まり、結論に向かうことができるでしょう。この後も、結論に向かうために必要なことは何かを意識した問題解決ができるようになるはずです。

3
21

結果、考察、結論を書く際に、子供から「また同じこと書くの？」と言われてしまった

結果、考察、結論が同じような文章になってしまうときはどうする？

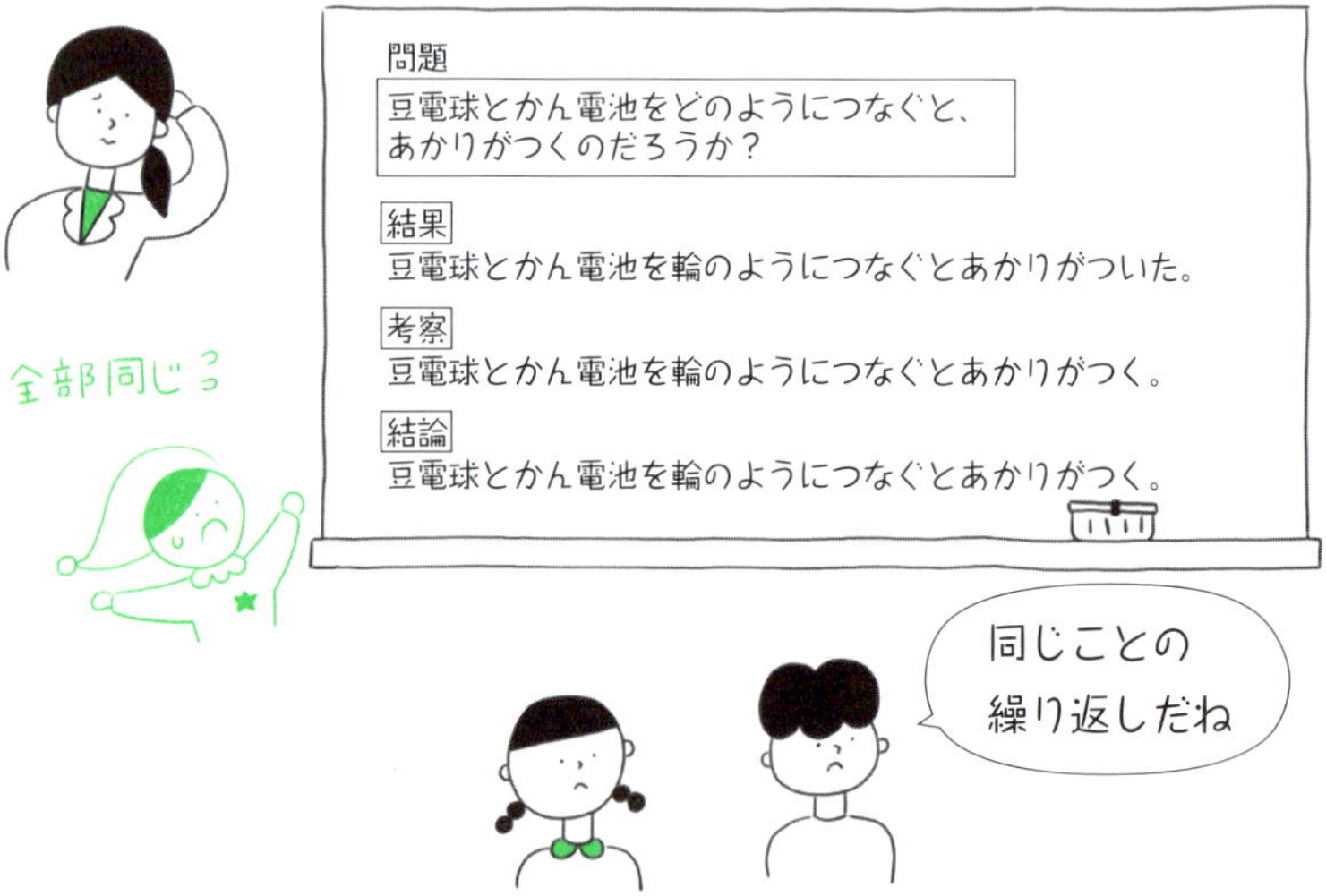
問題
豆電球とかん電池をどのようにつなぐと、
あかりがつくのだろうか？
結果
豆電球とかん電池を輪のようにつなぐとあかりがついた。
考察
豆電球とかん電池を輪のようにつなぐとあかりがつく。
結論
豆電球とかん電池を輪のようにつなぐとあかりがつく。
全部同じ？
同じことの
繰り返しだね

「結果」「考察」「結論」の違いについて、はっきりと説明ができるでしょうか。子供から「また同じことを書くの？」と言われてしまうこともあるかもしれません。

例えば、第3学年「電気の通り道」の「豆電球と乾電池をどのようにつなぐとあかりがつくのだろうか」という問題に対して、結果は「豆電球と乾電池を一つの輪にしてつなぐとあかりがついた」、考察や結論も「豆電球と乾電池を一つの輪にしてつなぐとあかりがつく」というような記述の場合です。

このような悩みを解決するためには、「結果」「考察」「結論」の違いを確認しておく必要があります。まず「結果」は、「自分の解釈を入れずに事実のみを記す」ということです。例えば、第5学年の「振り子」の実験の結果は「1往復

結果、考察、結論の意味を確認し合おう

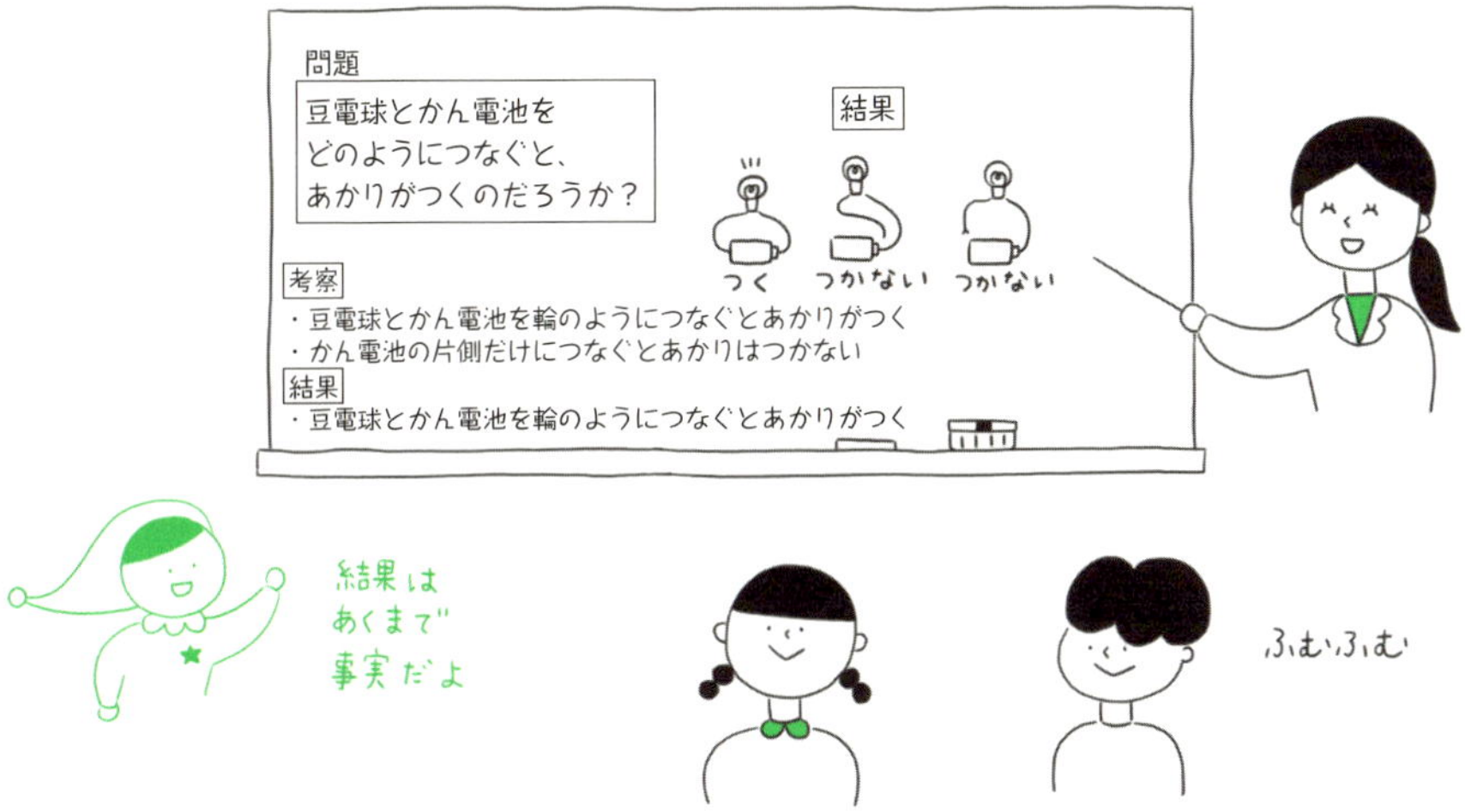

する時間（〇〇秒）」だけになります。「〇cmの時より遅い」とか「長さを変えると1往復の時間が変わった」のような事実から解釈したことは「結果」には記述しません。「考察」は3章22で述べるように、「事実と解釈」の両方が含まれたものです。つまり、結果とその解釈を表しています。「結論」は問題に正対した答えで、一文になることが多いです。

結果、考察、結論が同じような表現になってしまう場合、「結果」についてよくわかっていない可能性が高いでしょう。まず、子供が考えた「結果」が、観察や実験から得られた事実になっているかどうかをチェックしてみてください。

また、「結果」に解釈が入ったようなものを書いている場合は、観察や実験を振り返り、「(解釈の文章を指して)ここの部分は、自分の考えが入ってしまっていない?」など適宜指摘しながら、時間をかけて違いがわかるようにしていくことも大切です。

3
22

考察がただの感想になってしまう

感想だけでは、問題解決とは言えない

考察がこんな記述になっていない？

結果の繰り返し

考察

～～という結果だった。

ただの感想

考察

今日の実験は友達と協力してできたので、
とてもよかったと思います。

こういう感想がもてるのは
とても素敵なことだけど、
考察の書き方とは言えないよ

教師に、「考察は実験結果が出たらまとめるもの」というくらいの認識しかないとしたら、考察の捉え方としては不十分だと言わざるを得ません。もし、実験結果が出た後に、考察の書き方を説明もせず、子供たちに委ねたらどうなるでしょうか。おそらく、「今日の実験は友達と協力してできたので、とてもよかったと思います」といった感想だけの記述や、「○○という結果だった」といった結果の繰り返しなど、「考察」になっていない書き方が数多く出てくるでしょう。もし教師自身が考察の書き方を曖昧に捉えている場合、その書き方でもOKになってしまい、いつまで経っても考察の場面で育てたい力が育成できません。

　では、どのように指導すればよいでしょうか。原則は、考察の文章の中に「事実」と「解釈」が含まれていること

正しい考察の書き方とは？

事実

　振り子の一往復する時間が、振り子の長さ、おもりの重さ、振れ幅のどれが関係するのか調べたところ、振り子の長さを変えたときに振り子の一往復する時間が変わり、それ以外のときは変わらなかった。

解釈

　このことから、振り子の一往復する時間は、振り子の長さによって変わることがわかった。

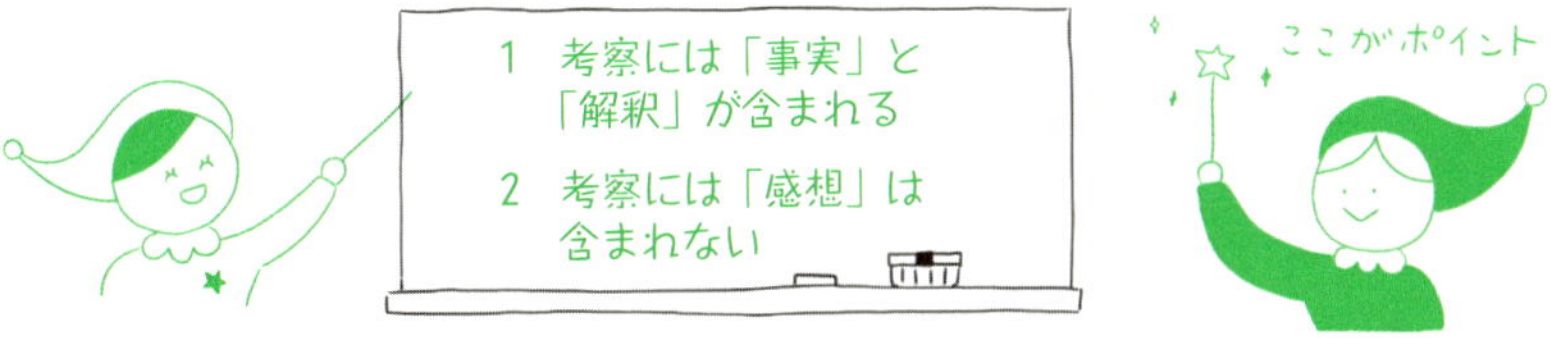
1　考察には「事実」と「解釈」が含まれる
2　考察には「感想」は含まれない
ここがポイント

です。例えば、「振り子の一往復する時間が、振り子の長さ、おもりの重さ、振れ幅のどれが関係するのか調べたところ、振り子の長さを変えたときに振り子の一往復する時間が変わり、それ以外のときは変わらなかった【事実】。このことから、振り子の一往復する時間は、振り子の長さによって変わることがわかった【解釈】」というように書きます。ここからわかることは、「事実」には方法や結果が含まれること、「解釈」は結果からわかったこと、そして、考察には自分の感想が含まれないことです。振り返りなどの感想を書きたい場合は、考察の後に分けて書くということになります。

　考察がただの感想になっている場合は、教師が考察に書くべき要素を理解していないか、あるいは子供たちに説明をしていないか、いずれかの場合が考えられます。改めて考察の書き方を考え、子供たちに指導しましょう。

3
23

結論が問題と正対していない

問題に対する答えになっている？

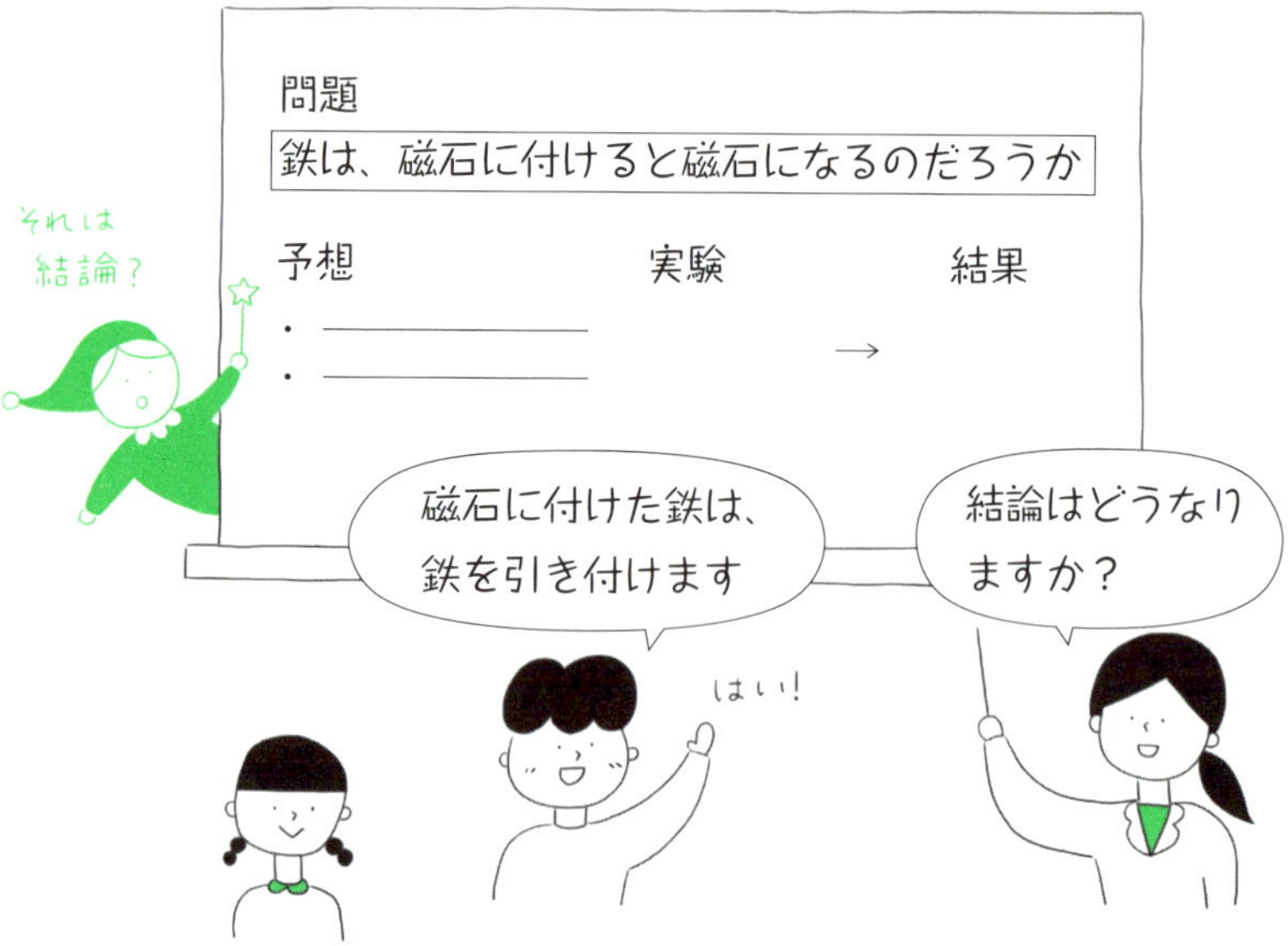

結論の導出は、問題解決の最終場面です。知識の獲得につながるだけではなく、より妥当な考えをつくりだす大事な場面です。問題解決の過程を子供と共に振り返り、子供が自分で結論を導きだすことを目指していきたいものです。

その際に気を付けなければならないことは、問題に正対した結論になっているかどうかです。結論で示されるものは、問題に対する答えです。2章8では、ある結果をもとに他の事柄にまで言及している例を紹介しました。導きだした結論が問題の答えになっていない例は他にもあります。

例えば、第3学年「磁石の性質」では、「鉄は、磁石に付けると磁石になるのだろうか」という問題を設定することがあります。その問題に対して結論として「磁石に付けた鉄は、鉄を引き付け

問題と結論の主語が揃うように

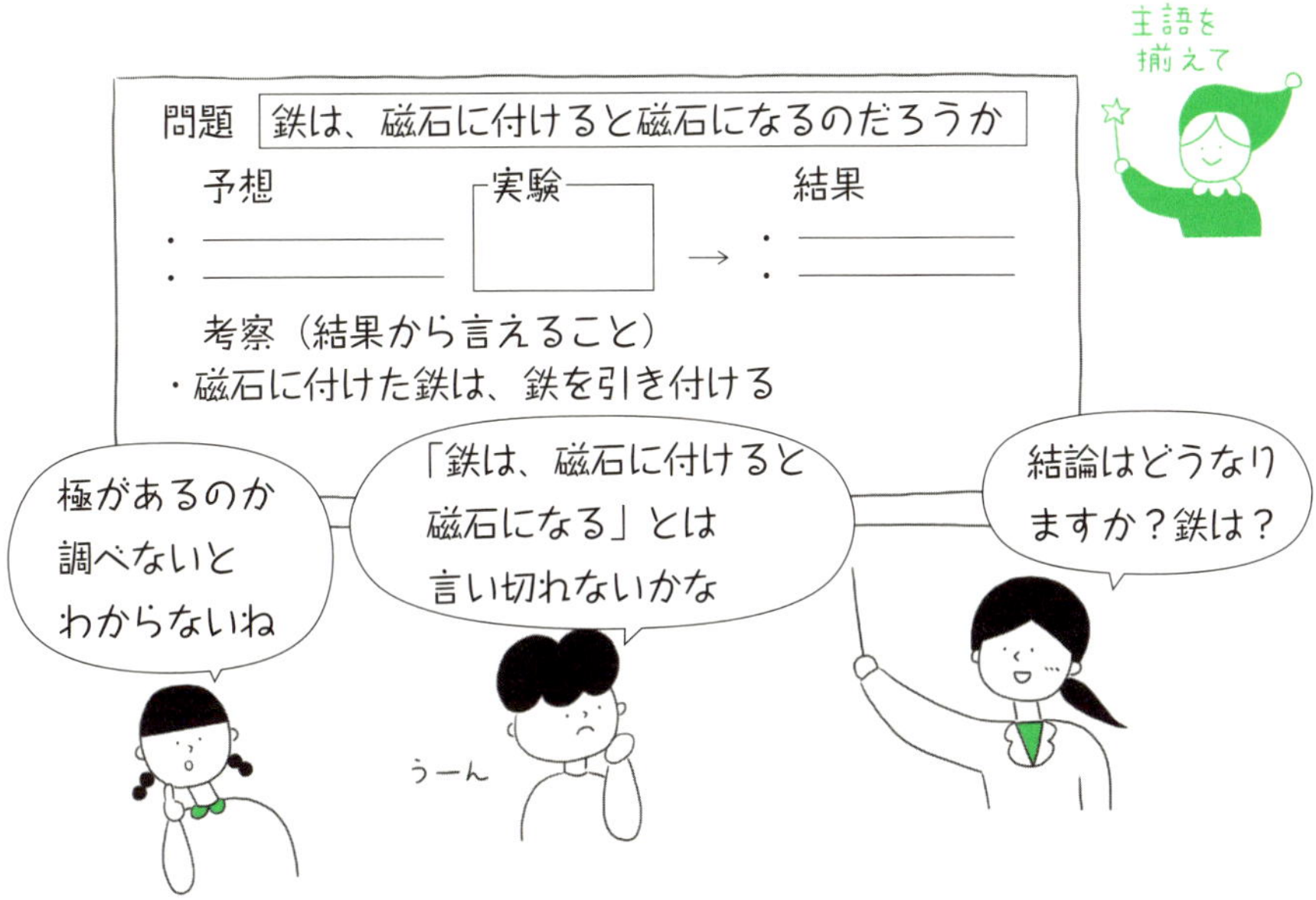

る」とまとめたとします。一見すると、その内容は間違いではなく、たしかに実験の結果から言えることでもあります。しかし、問題に正対した答えとしては、「鉄は、磁石に付けると磁石になる」とまとめるべきでしょう。なぜなら、問題として問われているのは「鉄が磁石になるかどうか」だからです。ポイントは、問題と結論の主語が揃っているかどうかです。問題の主語は「鉄」ですが、初めに例示した結論の主語は「磁石に付けた鉄」です。これは結論ではなく、実験結果をもとにした考察にあたるものです。

この場面では、「鉄を引き付けただけでは磁石になったとは言い切れない」といった考えに基づき、磁石に付けた鉄にN極やS極があることも調べ、その結果と合わせて「鉄は、磁石に付けると磁石になる」と結論をまとめるという手順を踏みます。このように、問題と結論の関係を丁寧に扱うことで、科学的に必要な手続きを確認することができます。

3
24

導入では生活との関係性を意識できたけれど、まとめの段階では、なかなか生活との関係性を示せない

導入で生活場面での経験と結び付けたら……

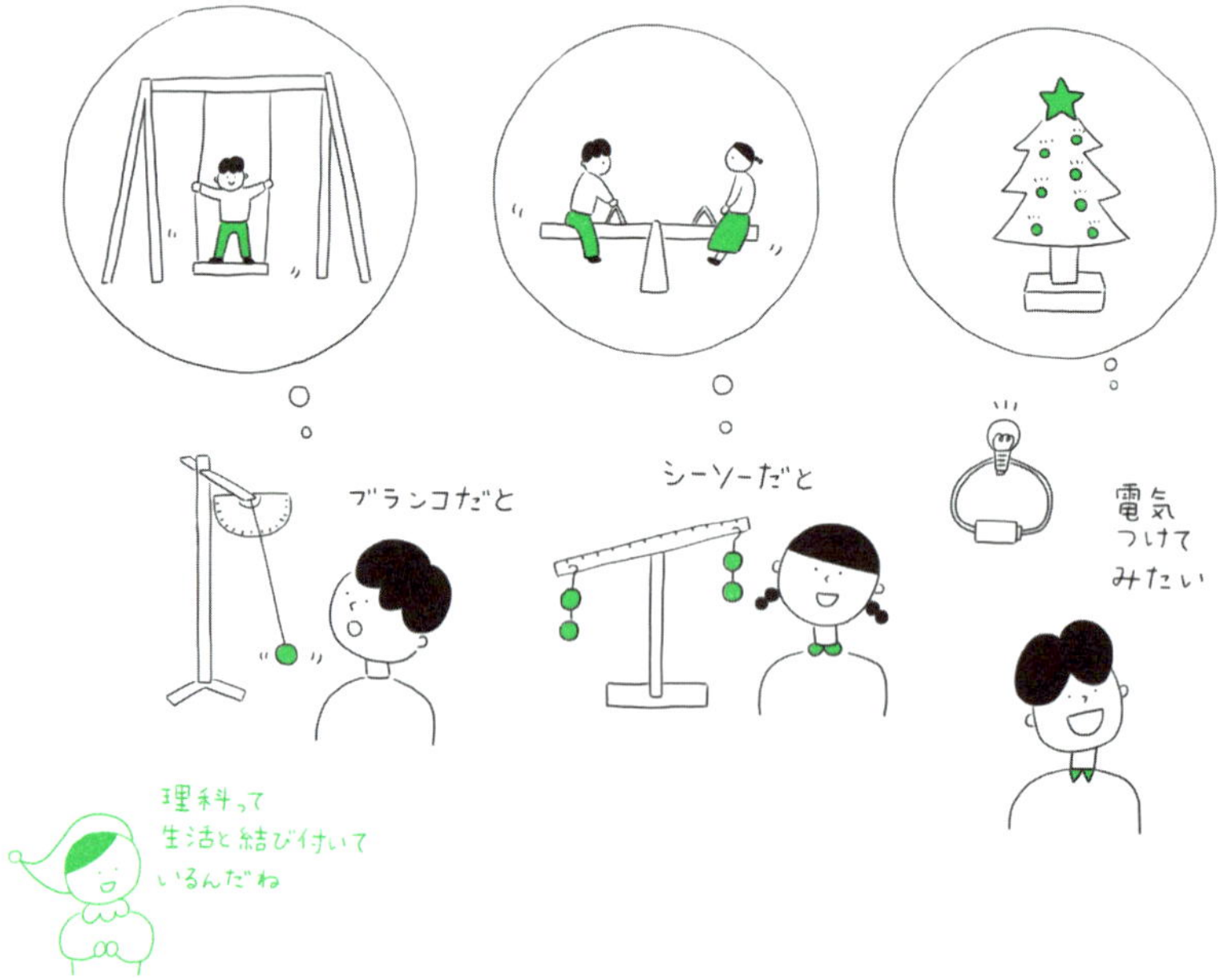

生活の場面から理科の授業にいざなうことはとても大切です。そのような視点がなければ、理科は理科室や学校の中だけのもので、自分たちの生活とはさほど関係ないと感じられてしまうでしょう。

導入場面だけでも、日常生活の中の一場面から始めること、これはぜひ続けてほしいと思います。もし生活場面から単元への導入が成功したのならば、単元の終末まで意識できるようにしたいものです。それには、単元全体をデザインすることが重要です。

例えば、第5学年「振り子の運動」の導入でブランコを扱ったのであれば、ブランコについて考えていたことが、単元の終末に向けて変わってくる、つまり見え方が変わってくるような構成にするとよいでしょう。ブランコの仕組みガイドなるものが更新されていく、そんなイ

単元の終末でも取り上げて、学びを継続させよう

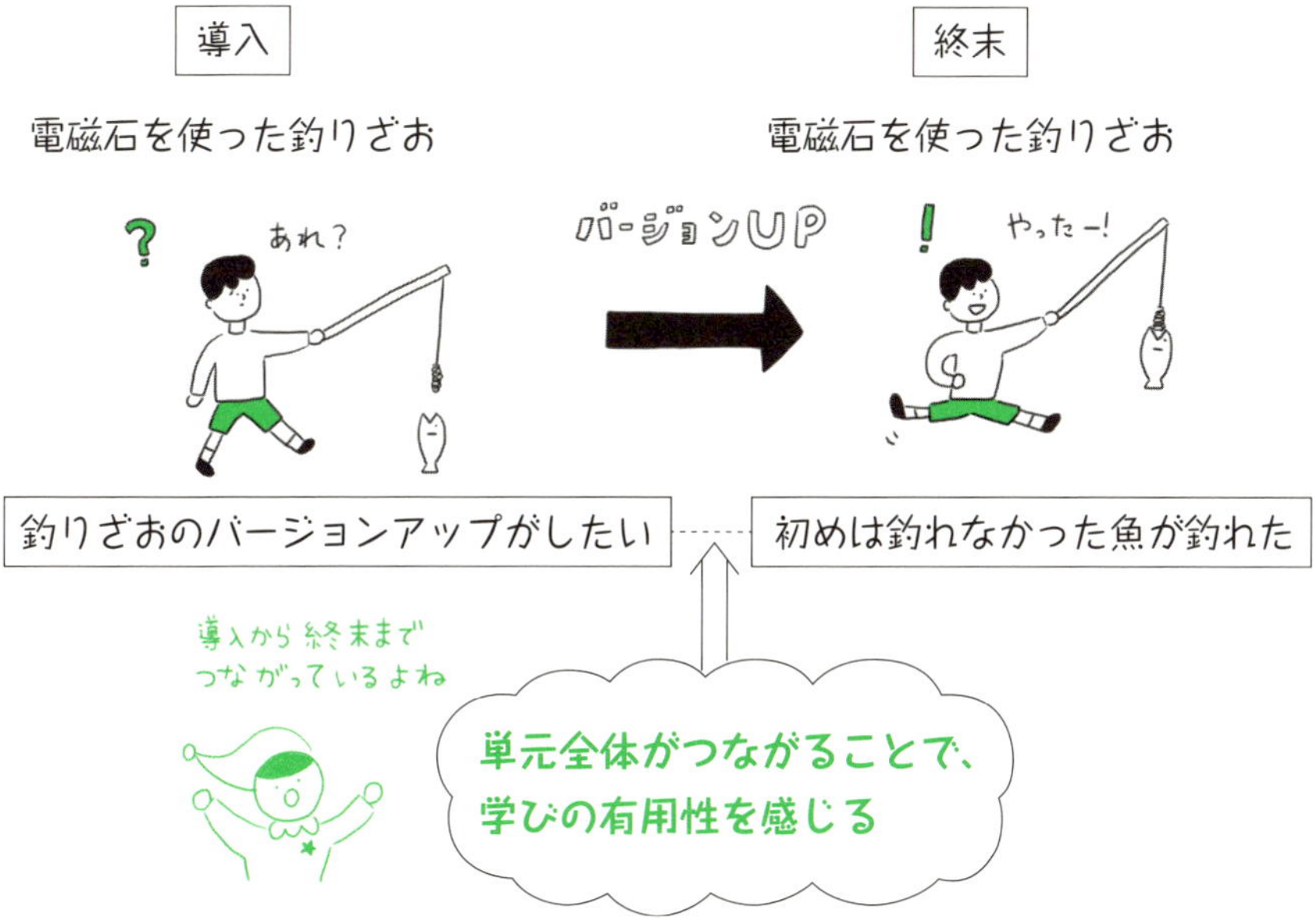
導入
終末
電磁石を使った釣りざお
電磁石を使った釣りざお
あれ?
バージョンUP
やったー!
釣りざおのバージョンアップがしたい
初めは釣れなかった魚が釣れた
導入から終末までつながっているよね
単元全体がつながることで、学びの有用性を感じる

メージも面白いかもしれません。また第5学年「電流がつくる磁力」でも、単元の初めに行った電磁石を使った魚釣りゲームが、学ぶたびにバージョンアップしていくなどという単元デザインも考えられます。

学んだことを説明する○○ガイドづくりなど、目に見えて更新されていくような仕組みだと、まとめの段階まで継続した学びができるでしょう。まずは、導入で見たもの、感じたものをそのまま単元の終末でも見て感じる。そうすることで、見え方が変わった自分を知ることができます。まさしくメタ認知です。

導入場面で感じた大きな「?」が、少しずつ解明されていきながら、さらなる「?」も生まれてくる。そのような単元デザインによって、子供たちは学びの有用性を感じることができるでしょう。

単元の初めと終わりでどのように見え方が変わるのかを見据えながら、単元づくりにチャレンジするのも面白いです。

3
25

子供が面白いアイデアを提案し、「次の時間にやりたい」と言ってきた

時間の制限がある中、子供の思いにどう応える？

次の時間か……
てこの棒を長くしたら、もっと重いものを持ち上げられるんじゃないかな？
次の時間にやりたい！
どうする？

子供は、一つの問題を解決することにとどまらず、獲得した知識を他の場面や文脈に当てはめて考えようとしたり、説明できない場合には新たな問題として見いだしたりします。

例えば、第6学年「てこの規則性」では、てこを使っておもりを持ち上げるのに、支点と力点の間の距離を長くすると小さい力で持ち上げることができることを知識として獲得した後に、「てこの棒をもっと長くしたら、ものすごく小さな力で重たい物を持ち上げることができるのではないかな」と発言することも考えられます。子供が主体的に学習を発展させようとするとき、教師としてどのように対応すればよいのでしょうか。

「面白いことを考えたね。お家でやってごらん」と答えることもあるでしょう。授業時間でその活動を保障してあげ

子供の思いに応えるための時間と場を確保しよう

たいとは思いつつ、時間には制限があり、次の単元の学習に進まなくてはなりません。しかし、子供にとっても、家庭で行うことが現実的ではない場合、「次の時間にやりたいな」というのが本音でしょう。

このような子供の新たな問題解決への思いを受け止めるために、時間と場の確保を考えていきたいものです。例えば、学期や学年の最後に自由研究の時間を設け、それまでに学習したことを発展させて取り組むことを保障するのはどうでしょうか。このような活動は、子供たち一人一人の興味・関心に応じて、教師が学習活動に取り組む機会を提供し、子供が自らの学習を最適となるよう調整することと、すなわち「学習の個性化」につながることと言えます。また、新たな問題解決に取り組む経験が、「知らないことがあることに気付く」ことの価値を見いだすことにもつながるでしょう。

3

26

ノートに何を書けばいいかわからないと言われた

板書を書き写すだけのノートになっていない？

子供たちは理科のノートに何を書いているでしょうか。

時々、教師が「板書を写してね」と指示する授業を見ることがあります。「大切な事柄をしっかりとノートに記録させておきたい」という意識なのでしょう。しかし、子供は、「どうして写さないといけないのかな」と思っているかもしれません。

一方で、子供たちにノートの記述を任せると、「何を書いたらいいですか」「○○はノートに書きますか」などと質問してくることがあります。

子供たちに自分の力で主体的に問題解決する力を付けさせたい、そのためには問題解決の各場面において、子供が「今考えていること」をノートに書くことが重要です。後で書いたり、友達の考えを聞いてから書いたりするのでは遅いので

自分の「今の考え」を書き記しておくことが大切

す。「今考えている問題を書きましょう」「今の自分の予想は何？」などと教師が問い、子供はその都度、自分の考えをノートに書き記します。

冒頭に示した事例では、学級で話し合った内容を教師が板書し、子供がそれを書き写していましたが、本来ならば、子供自身の「今の考え」を順番に記録していく必要があります。自分の考えを書くことで、問題解決において自分がしようとしていること、現時点でわかっていることなどが明確になるのです。

「ノートに何を書けばよいかわからない」子供は、何のためにノートに記述するのかがわかっていないと考えられます。自分自身の今の考えを書くことが、理科のノートの基本であることを子供たちに伝えましょう。

また、教師自身もノートの役割を曖昧に捉えている場合もあります。子供自身がその都度考えて記録することの重要性を、教師が理解するようにしましょう。

COLUMN 3

教育DXで理科の教材研究はどう変わる？

端末の普及による理科授業の大きな変化は、個人で写真や動画を記録できるようになったこと、そして、他者の実験結果を容易に共有できるようになったことです。それに伴って、これまでの授業の方法も変わりました。さらに、教師の研究授業や研修も効率的に行うことが可能になりました。授業や研修の方法がどのように変わるのか、詳しく見ていきましょう。

■授業の方法はどのように変わるか

現在は、「端末を授業で使う」という段階から、「端末を使いこなす」という段階に進んでいます。子供たちが使いこなせるかどうかは教師の意識や取り組み方次第で大きく変わります。端末を使うこと自体が目的ではなく、子供の学びが深まるかを判断して活用しましょう。研究の視点の一例を以下に挙げます。

- ある木を継続的に撮影し、季節ごとの変化を比較しながら観察できるようなワークシートづくり
- 一日のかげの動きを記録に残す方法
- 撮影の視点を意識しながら動画を記録する方法
- 共同編集機能を使って、何をどのように記録して、どのように共有するか
- 個人で追究する際、どこまで子供に委ねるか

これまでの授業研究に、端末を使った効果的な方法という視点を加えると、授業がさらに充実したものになることが期待できます。

■研修の方法はどのように変わるか

端末の普及により、教師の研修も変わりました。例えば、以下のようなことが可能となります。

- 授業を記録した動画を共有し、それを見ながらグループ協議を行う
- 子供のノート記録を共有し、それを見ながらグループ協議を行う
- 付箋機能やアンケート機能等を使って共同編集や情報集約を行い、研修の効率化を図る
- 他校の先生方とグループを作り、研究授業の連絡や相談をする
- 通常の授業を動画に記録しておいて、研修時に見る
- 日常的に、お互いの授業記録を見せ合う
- 遠隔での研修参加や、遠方の講師をリモートでつないだ研修など

子供たちの実態を把握しやすくなった、教師同士が記録を共有しやすくなった、リモートなどの活用で時間的な制約がなくなったなどの点から、交流が活発になり、研修が円滑になったと言えるでしょう。

第４章

あなたの指導、
実は間違っていません！

4-1

子供の考えを尊重しようとすると、複数の問題を扱わなければいけなくなる

子供の考えを尊重したいけど、問題が拡がりすぎる

子供たちの考えをどこまで取り上げればよいのか悩むという声もよく聞きます。教師としては「子供たちの考えを大切にしたい」「できるだけ子供の考えを授業に生かしてあげたい」と思う一方、時間が足りなかったり、細分化された個別の考えになかなか対応できなかったりすることもあるでしょう。どの程度まで子供の考えを取り上げるかという教師の思いと、自分の考えを取り上げてもらいたいという子供の思いとの間にズレが生じやすいと言えます。

特に、問題を見いだす場面で、そのようなズレをよく感じるのではないでしょうか。子供たち一人一人が見いだした問題をできるだけ追究させたいという思いをもって指導することは素晴らしいことです。しかしながら、子供たちの問題が多岐にわたるため、対応が難しいことも

子供の考えを尊重しつつ、拡がりすぎないような工夫もできる

あります。

実際のところ、教科書に載っている内容は押さえたい、できるだけ同じような問題の方が一度に行いやすい、というのが教師の本音ではないでしょうか。

問題が拡がりすぎないようにする方法として、導入場面を絞ってしまうということが考えられます。教師主導というわけではなく、子供たちが見いだす問題がいくつかに絞られるような導入をするということです。

例えば、第3学年「磁石の性質」で「どのようなものが磁石に付くのだろうか」という問題が教科書に載っているとして、「磁石について不思議に思ったことはある?」と聞くのと、「(磁石に付くものと付かないものを表にして示し)どんな違いがあるのかな?」と聞くのとでは、問題の拡がり方が異なります。このように、問題づくりの場面で、問い方を工夫することによって、子供の考えの拡がり方も変えることができるのです。

4
2

教師が想定していた以外にも、いろいろな予想や考察が出てきてしまう

いろいろな考えが出るのは、子供が安心して発言できているからこそ

子供からいろいろな考えが出てきて困ってしまうのは、問題を見いだす場面に限ったことではありません。予想や考察の場面でも、子供たちのいろいろな考えにどう対応するか悩むことがあるでしょう。

子供からどんどん考えが出てくるのは、素晴らしいことです。教師が、日頃から子供の考えを大切にしているからこそ、子供は安心して自分の考えを述べることができるのです。

とは言え、子供の考えをどのように受け止め、問題解決の活動を進めていくかは悩んでしまうところでしょう。いろいろな考えが出てきてしまうのが、どの場面なのかによって、教師の対応の仕方は変わります。

例えば、解決したい問題に対する予想の場面だったとします。考えの根拠は、

場面によって異なる話し合いの目的を共有しよう

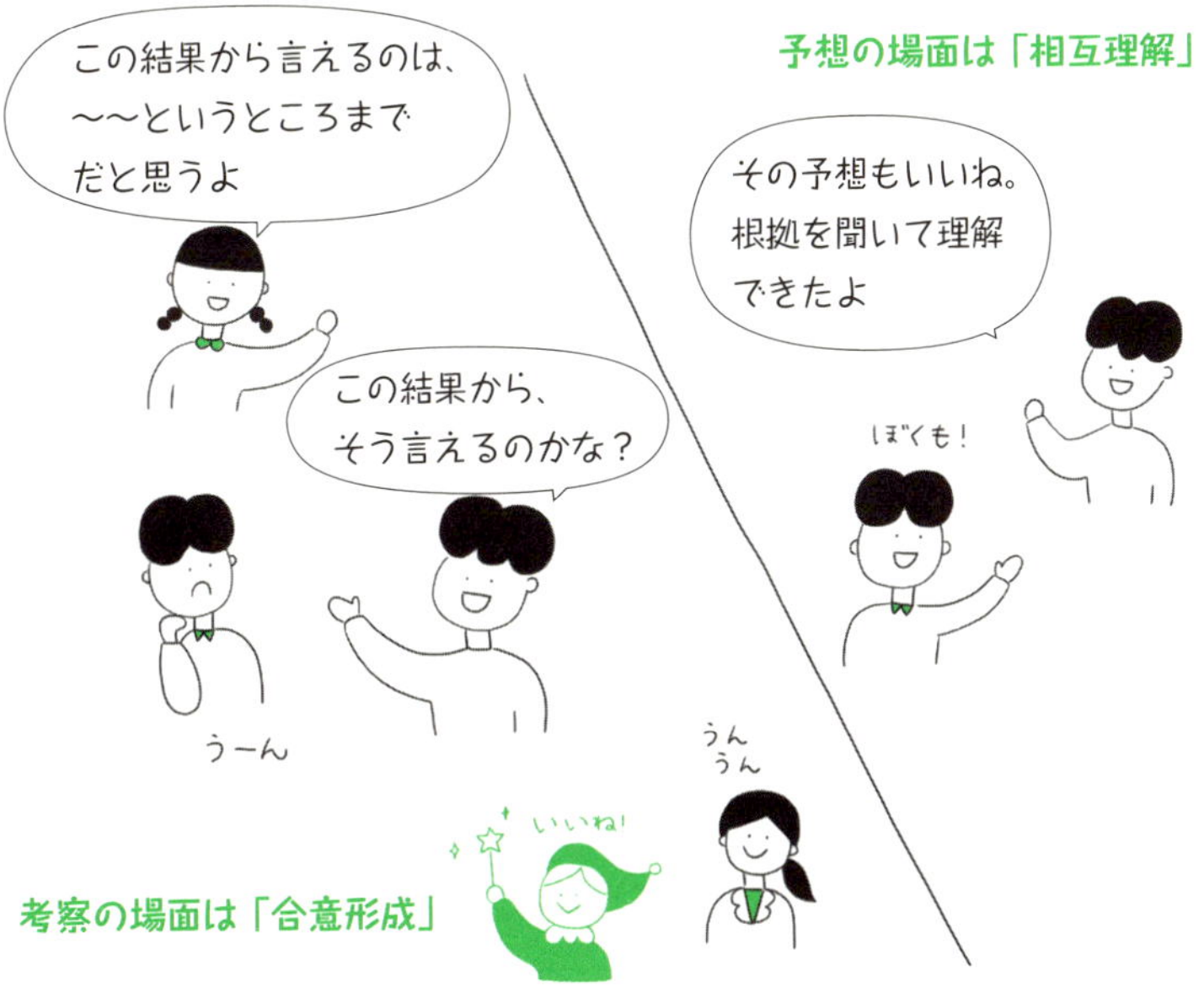

既習の内容や生活経験です。それぞれの考えが同じである必要はないので、ここでの話し合いの目的は「相互理解」です。

　では、考察の場面だったらどうでしょうか。考えの拠り所は観察、実験などの結果なので、「この結果から、そのように考えてもよいのか？」という意識をもつことが大切になります。

　このような意識をもっていれば、子供同士で、「この結果から、そのように言ってもいいのかな?」と検討するでしょう。みんなが納得できるような考えに向けた話し合いが行われれば、いろいろな考えが出るというよりも、より妥当な考えへと練り上げられていくことになります。すなわち、考察の場面での話し合いの目的は「合意形成」です。

　子供の考えがどんどん出てくるような授業は素晴らしいです。教師は、それぞれの場面での話し合いの目的について子供たちにも伝え、充実した話し合いにしましょう。

4
3

子供の考えの深さに感心して、どの予想に対しても「ごもっとも！」と感じてしまう

どの予想にも感心してばかりでいい？

共感できるのは
素晴らしいこと！
なるほど!!
ごもっとも
ほ〜
へー
私は、水を温めて体積が大きくなったなら、冷ますと体積が小さくなると思う。空気を冷やしたときもそうなったから
水は圧しても縮まなかったから、冷やしても縮まないと思うよ

子供の考えに素直に感心できるのは、素晴らしいことです。教師が子供の考えの深さを感じ取れるということは、共感的な姿勢をもっていることの表れです。このように、様々な立場に立って予想を聞き、「ごもっとも！」と感心する教師の姿に、子供たちは安心感を抱き、何を言っても大丈夫だと感じるでしょう。自信をもって予想を表現しようとする雰囲気ができるのです。この心理的安全性こそが、子供たちの予想をより多く引き出し、聞き合う姿勢をつくり、予想をより深めていくのだと言えます。

ただし、教師は「ごもっとも！」で終わらせるのではなく、どの部分に納得をしたのかを子供に伝えることを忘れないでください。そうすることで、論理的に考えたり、根拠をもって予想したりすることのよさだけでなく、根拠のある予想

どこに感心したのかを子供に伝えよう

私は、水も空気と同じで、温めると体積が大きくなり、冷やすと体積が小さくなると思う
なるほど！空気と比べているところがいいね。もう少し詳しく聞かせて
どこがよいのか伝えてね
なるほど、そういう考えなのか
教師が問い返すことで、他の子供にも伝わりやすくなる

をするということはどういうことなのか、どのようなことが根拠となりうるのかを伝えることもできます。これは、予想を発想した子供だけでなく、学級全体に伝えることになるのです。

子供の予想のどこに納得したのかを伝えた後には、「どのようにしてその考えにたどりついたの？」「どうしてそう考えたの？」と問い返しをしてください。そうすれば、その予想の根拠がどのように頭に浮かんだのか、そして予想と根拠とのつながりについて、子供は語り始めるはずです。それを学級全体で聞いているうちに、違う予想だと思ったけれど実は同じ視点で物事を見ていたことや、考えの筋道は同じであることに共感する子供も現れるはずです。個々が発した予想が、いつしか学級全体で検証していくためのものとして、どの予想も大切にする姿が見られるようになるでしょう。

4

実験方法がたくさん出てしまい、一つにまとまらないし、子供が一つにしたがらない

子供たちのゆずれない思いを大切に

一つに絞らなくていいんじゃない？
うーん
ぼくはフラスコを使って確かめたい！
ぼくは風船を使って確かめたい！

実験方法がたくさん出るということは、子供たちには解決の可能性がしっかりと見えているということです。さらには、解決できる！という思いとともに、子供が意欲的になっている証拠です。

また、何を検証したらよいのかだけでなく、どのように検証したらよいのかまで見えているということが素晴らしいです。つまり、問題解決の見通しをもてているからこそ、このような状態になっているのです。

それと同時に、自分の考えた計画に誇りをもっているからこそ、一つの方法に絞ることに抵抗を感じるのでしょう。それは当然のことです。

実験方法が多岐にわたるということは、安全への配慮や道具の準備が大変になることは確かです。しかし、それを差し引いても余りあるほどの学びが生まれ

それぞれの実験方法を比較しながら整理してみよう

る可能性があると言えます。

これまでに経験した観察や実験が、子供たちの中に残っているからこそ、子供自身で実験方法を発想できるのです。

このまま実験に向かう方がよいですが、もし時間をかけられるのなら、それぞれの方法で予想や仮説をどのように検証しようとしているのかについて比較をしながら、再確認していくとよいでしょう。

それぞれの実験がどのように結び付くのか、共通することは何か、他の実験とは違って、その実験でしか明らかにならないことは何かなどを整理しておくのです。似ている実験なのかそうでないのか、自分たちの予想は隣の班が行っている実験だとどのような結果が出るのか、それらを検討することで、結果の整理や、複数の結果から考察することの素地ができます。

4
5

「こういう場合は？」と質問攻めにあい、なかなか実験に入れない

観察や実験を大切に思っているからこそ

子供たちは、観察や実験に意欲的に取り組むことが多いです。

ここで大切なことは、子供たちが何に対して意欲的になっているかということです。子供たちにとって、器具を使って仲間と共に活動をすること自体が楽しいと感じることも多いでしょう。観察や実験を少しでも早く始めようとするあまり、実験方法や手順への理解を疎かにしていたり、実験中にどこに視点を置くかという点が曖昧だったりする場合もあります。このようなとき、安全面についても心配が伴います。

それに対し、質問攻めにされてなかなか実験に入れない場合は、全く逆と言えます。そうなる理由は、観察や実験を大切に思っているからに違いありません。自分たちの予想や仮説を検証するための活動だからこそ、検証するには何を見る

検証すべきことが見えていると質問も出やすい

べきか、条件制御すべきことは何かなどを明確にしようとしているのです。「先生、○○の場合は？」などと質問攻めにするのは、予想や仮説を当てはめながら結果の見通しをもとうとしている姿と言えます。実験前のこのような確認を子供たち自身が大切にしていることに対して、教師は称賛してください。

子供たちが、実験器具を目の前にすると、さらに質問が出てくることがあります。これも実験で自分たちの予想が検証できるかどうかを真剣に考えている証拠です。仲間との予想のズレなど、検証すべきことが明らかになっているからこそ具体的な質問が出るのです。

ここは、問い返すチャンスとも言えます。「みんなが確かめたいことをはっきりさせるにはどうすればいいと思う？」と投げかけると、検証すべきことを意識しながら考え始めるでしょう。教師は子供たちの質問をポジティブに捉えながら、その不安解消にも努めましょう。

4
6

しっかりと準備していたはずなのに、実験中に「○○ありますか？」と器具などの追加注文が入る

教師が過不足なく器具を揃えるべき？

あれ？準備が
不十分だった？
えっ
先生、ストップウォッチありますか？
先生、温度計はありますか？
途中で気付くことも大切だよ

実験中に、器具などを追加で欲しがるのは悪いことではありません。足りないことに気付くのは、実験で行うべきことや検証すべきことが見えているからです。実験前に気付いていたらさらによいですが、少なくとも実験中に目的が明確になった、見通しをもてたことがわかります。

結果を見通すことは簡単なことではありません。このように器具などを付け足していく経験を積むことで、子供たちは少しずつ見通しをもつことができるようになっていきます。もし、実験で使うものを教師が過不足なく揃えて、教卓にビシッと並べ、まるで食堂でおかずやご飯をトレーに載せるかのように、子供がトレーに載せて運んでいくとしたら、何も考えずに器具を手にすることになります。第3章16でも触れたように、このよ

実験の見通しをもった子供の姿勢を尊重しよう

うな方法が有効な場合もあるでしょう。

しかし、そこには子供が自主的に器具の過不足を確かめたり、用途を意識したりする余地はありません。だからこそ、自分たちの計画をもとに準備する機会が必要なのです。

「○○ありますか？」という質問にはタイミングの良し悪しはあるものの、まずはその姿勢を大切にして、「どうして○○が必要なの？」と問い返してみるのがよいでしょう。そこで、子供なりの見通しが出てくるはずです。あるいは、その対話を通して、ほかの物でも代用できることや、実際には必要のないことに気が付くかもしれません。

実験を終えた後に、「△△さん、追加で持っていった○○（器具）はどうだった？」と聞くのもよいでしょう。追加した器具がどのような意味をもったかを言語化する姿は、次の実験の計画にも役立つはずです。子供たちの自立しようとする姿を大切にしていきましょう。

4
7

実験中の操作に不適切な点があり、結果がきれいに揃わなかった

実験方法の確認が不十分だったかも……

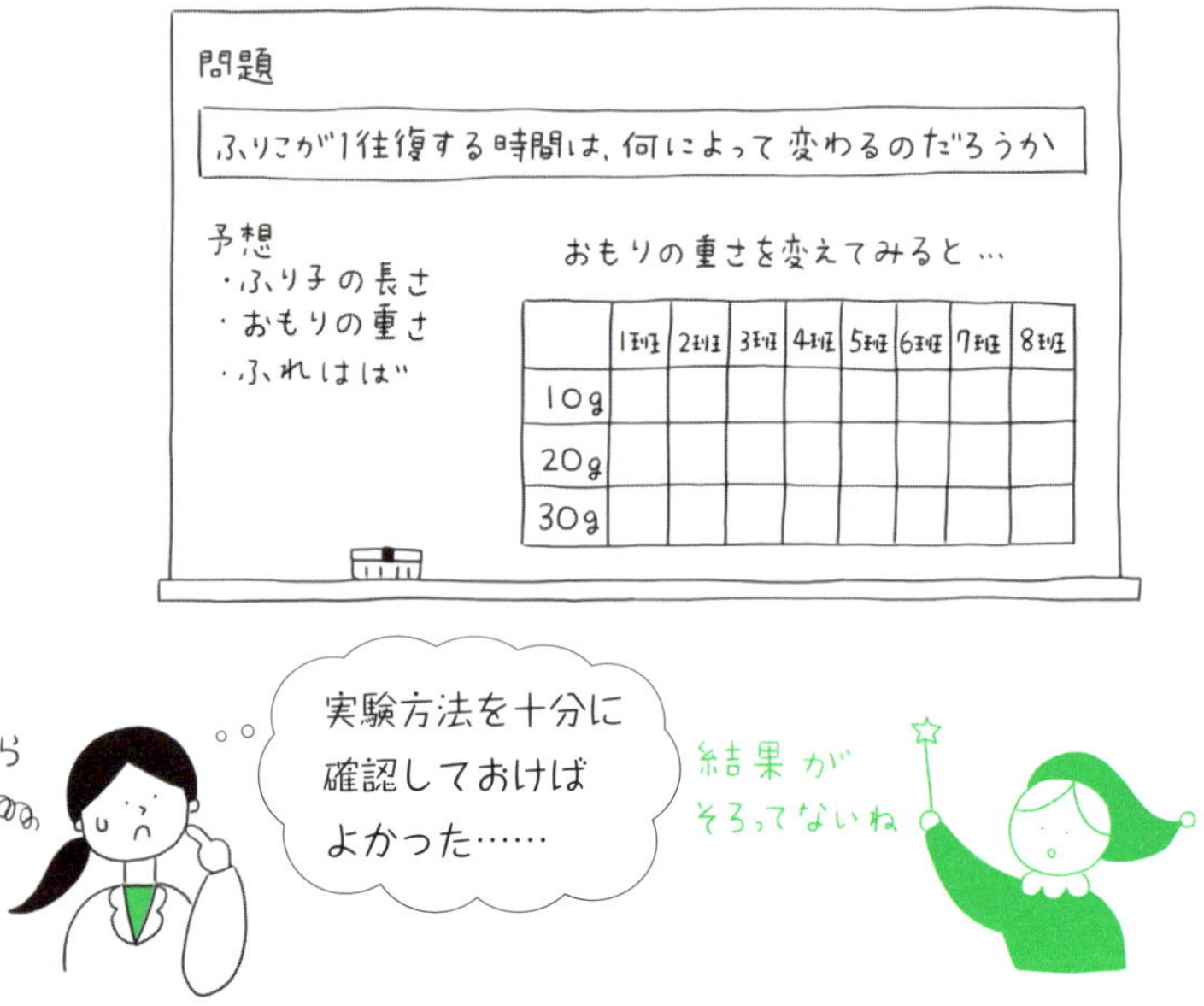

　実験が終わった後には、グループや個人で取り組んだ実験の結果を学級全体で共有することが多いでしょう。その際に、同じ実験を同じ方法で取り組んだのにもかかわらず、結果にばらつきが生じることもあります。実験には誤差がつきものなので、多少のばらつきは子供の納得を得ながら大枠で捉えることで、傾向を読み取ることができます。しかし、傾向から外れるほどの異なる結果が出た場合には、器具の誤操作や数値の読み違いなどが原因となる場合が多いです。そのような状況が生じると、教師としては、実験前に実験方法の確認が不十分だったかもしれないと後悔することもあるでしょう。

　しかし、必ずしも後悔する必要はありません。そこには、子供が実験の妥当性を検討するといった価値ある学びがある

異なる結果が生じたら、
原因を考える機会にしよう

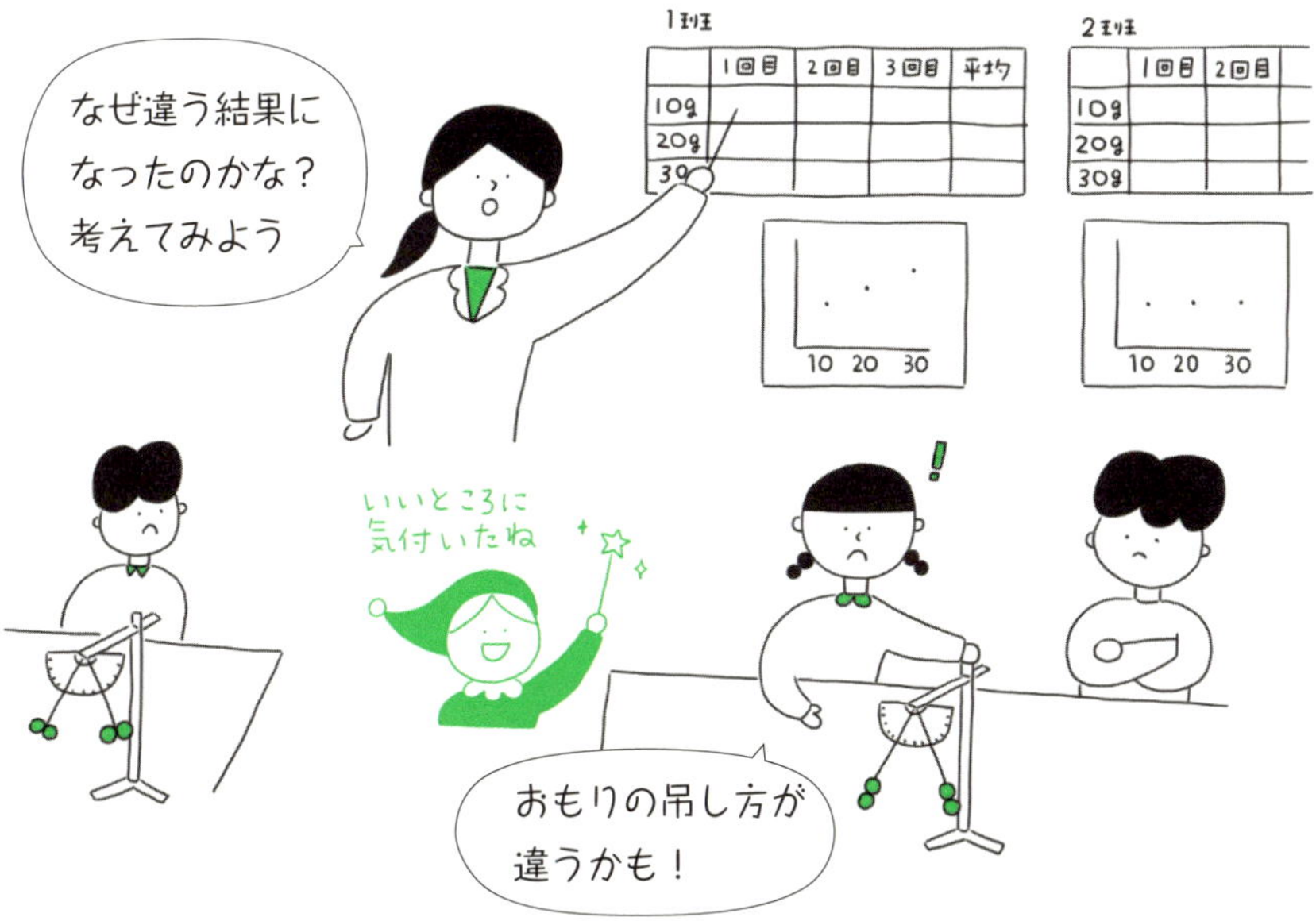

からです。例えば、第5学年「振り子の運動」で、振り子の重さを変えて実験をする場面では、おもりの数を1個から2個、3個と増やしながら、振り子が一往復する時間を計ります。実験前に、すべてのおもりを糸の同じところに吊すように指導していれば起きないことですが、複数のおもりを下に下にと数珠つなぎのように吊すことがあります。おもりの数が増えるのと同時に、吊したものの重心が下に移動し、振り子の長さも同時に変わってしまいます。一つだけの条件を変えて他の条件は変えないという条件制御の考え方を働かせていたとしても、思いがけず他の条件が変わってしまうのです。このことに子供たちが気付く絶好のチャンスと言えます。

　結果を共有する際に、教師がおもりの吊し方を慌てて説明するのではなく、異なる結果が生じた原因を子供たちが考える場を設定しても、価値のある学びになるでしょう。

4-8 継続観察で思わぬアクシデントが起きてしまった

予報どおりの天気にならなかったら失敗？

第4学年「天気の変化」では、晴れの日と曇りの日の気温の変化の違いを調べます。教師は、晴れの日の気温の変化を調べる際に、天気予報を見ながら、調べる時間帯に雲がなく、日光が降りそそぐ日を見定め、観察する日を設定します。幸運にも天気予報どおりに晴天が続けばよいのですが、予報が外れることもあります。そうなると、教師が想定した「山型のグラフ」が得られず、「晴れの日は気温の変わり方が大きく、一日の中では気温が昼過ぎに高くなる」という結論をまとめることができなくなります。この観察は失敗だったと悔やんでしまうこともあるでしょう。

　しかし、せっかく途中まで気温調べを続けてきたのですから、雲が生じても観察を続けてはどうでしょうか。この日の結果から得られたグラフと、別の晴れの

晴れや曇りが入り交じった天気のグラフも活用しよう

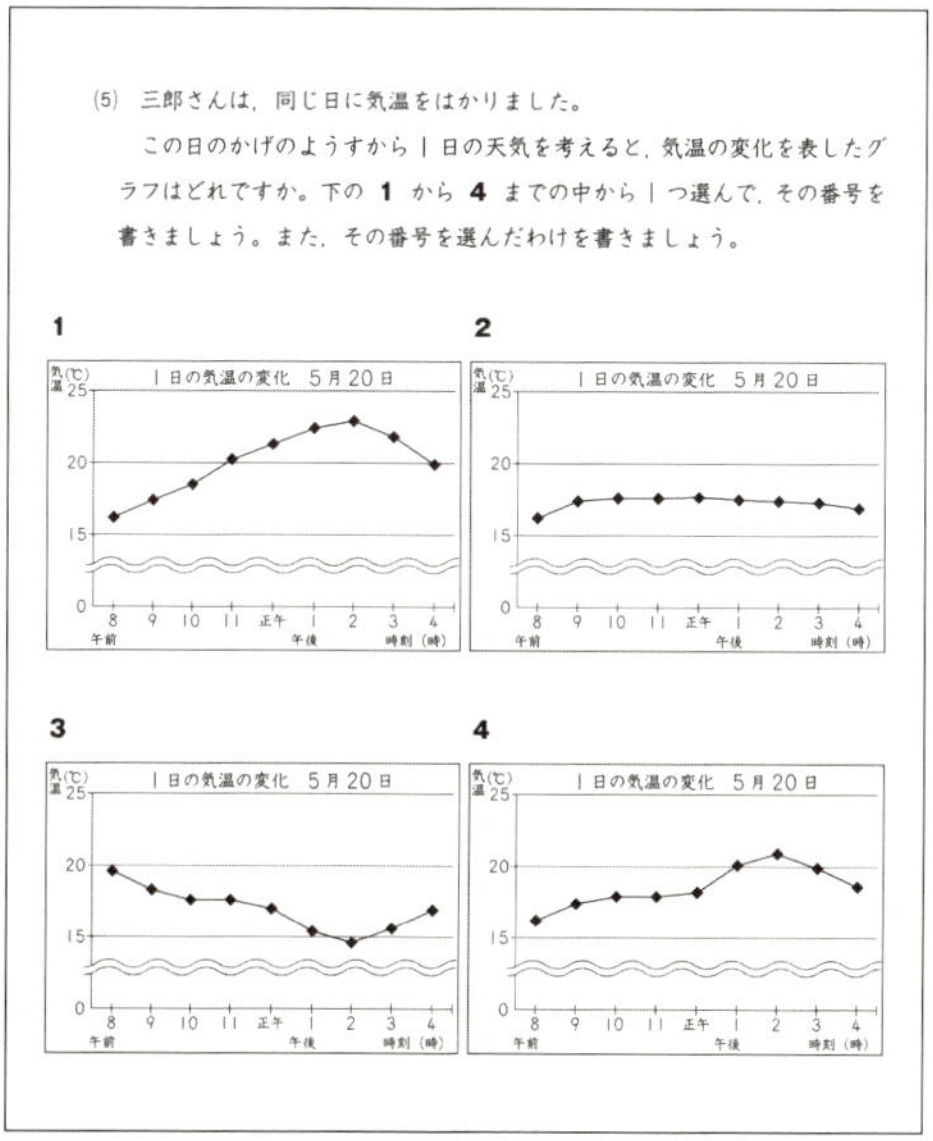

(5)　三郎さんは，同じ日に気温をはかりました。

　この日のかげのようすから1日の天気を考えると，気温の変化を表したグラフはどれですか。下の **1** から **4** までの中から1つ選んで，その番号を書きましょう。また，その番号を選んだわけを書きましょう。

出典：国立教育政策研究所「平成24年度全国学力・学習状況調査　小学校理科」
https://www.nier.go.jp/12chousa/12mondai_shou_rika.pdf

日の「山型のグラフ」、一日中曇りや雨だった日のグラフを比較することで、天気によって気温の変わり方が違うことだけではなく、雲が日光を遮ることで気温が上がらないという考えを導きだすこともできるでしょう。

　少々古いデータになりますが、平成24年度全国学力・学習状況調査の大問４⑸は、一日の天気と気温の変化を関係付けて、気温の変化を表したグラフを選択し、その理由を記述する問題です。正答率は17・1%でした。一日の天気と気温の変化との関係について、データをもとに分析し、その理由を記述することに課題があるということが明らかになっています。

　このような課題に対応するためには、一日の中で晴れや曇りなどが入り交じった場合の気温の変化や雲画像などをもとに、多面的に考察する学習活動が有効だと考えられるでしょう。

4 9

結論を出すべき時間なのだけど、子供が結論を出すことを拒む

不安や違和感、まだ深めたいことがあるのでは？

結論を出せるか出せないかを子供たちで判断しようとする姿、すなわち問題解決を主体的に行う姿は、まさに理科で目指すべきものです。子供たちが結論を出すことを拒める環境、そして、それを受け止められる教師の姿も素晴らしいと感じます。

子供たちが結論を出すことを拒んでいるときは、何か不安や違和感を抱いていたり、まだ深め足りないことがあったりするときです。たとえ研究授業や研修など誰かに見せる授業であっても、時間や教師の都合で無理矢理に結論を出そうとすることは避けましょう。

むしろ、先生が「どうして結論は出せないと感じるの？」「何に困っているの？」と問いかけることで、子供たちの考えがより深まり、問題解決の過程を振り返ってたどる姿が見られるはずです。

どうして結論を出せないのか問いかけ、子供たちの考えを引き出そう

客観性を大切にする姿

困っている点は、もしかしたら実験結果のばらつきかもしれません。そうであるならば、観察や実験の方法を見直すことになります。あるいは、みんなの予想が検証できる実験になっていないことに考察時に気付くということもあり得ます。その場合、見直すべきは実験方法ではなく、観察や実験の計画そのものということになります。

困っている点に気が付いて、問題解決の過程の前段階に戻るのは悪いことではありません。むしろ、問題を科学的に解決する上で、客観性を大切にするのは素晴らしい姿です。困っているにもかかわらず、それを取り上げずに先に進めていくことの方がよくありません。なぜなら、問題解決の過程は教師が進めているのだと感じた時点で、問題解決は他人事になってしまうからです。教師はあくまで伴走者として、共に学びをつくり上げていく姿勢でいることが大切です。

4
10

授業中に予想や考察を言えなかった子たちが授業終わりに伝えに来るのは、時間配分のミス？

授業中に指名してあげればよかった？

授業が終わると、「私も○○だと思ったんだけど、△△だったんだね」といった気付きや、「先生、次は○○で試してみたい」といった実験の発案など、子供たちが意見や考えを直接伝えに来ることがあります。そんなときには、「指名してあげられたら、この子たちの考えをみんなに伝えられたのに、うまく拾えなかった……」と責任を感じてしまうことがあると思います。たしかに、授業中に言えなかった予想や考察を伝えに来ている可能性はあります。

しかし、自分も考えていたんだという事実を伝えに来ていると捉えることもできるのではないでしょうか。自信がなく、みんなの前で発言することはできないものの、「意見を聞いてほしい」「先生がどんな反応をするか知りたい」という思いがあり、授業後や休み時間に教師に

教師との対話によって得られる安心感と自信

伝えに来るという子供も多いです。

そこで、教師が「なるほど、たしかに」と返すと、子供たちは「ああ、これでよかったんだ」と自信をもつことができます。さらに、「素晴らしいね。どうしてそう考えることができたの？」と問い返すことで、そのアイデアにたどり着いた思考過程を振り返ったり、教師と共に楽しみながら考えを深めたりします。

子供たちは、このような教師との対話を通して、授業中に発言するときのリハーサルをしているのかもしれません。

授業後であっても、教師に考えを伝え、それに対する質問や反応を得ることによって、子供は安心感と自信を獲得します。次第に、授業中にも仲間の前で意見を伝えるようになっていくのです。

「次の授業で、この話題から始めたら面白いね」などと伝え、学級全体に共有してもよいと思います。子供はさらに安心感と自信を得て、力を発揮できるようになっていくでしょう。

4
11

理科の授業は時間が足りなくて困る

時間が足りないと感じるのは、子供主体の授業を目指して努力している証拠

「理科の授業は時間が足りなくて……」という声をよく耳にします。決められた時数の中で授業を進める必要があるからこその悩みです。もしその悩みを簡単に解消したければ、教師主導で授業を進めればよいでしょう。しかし、それでは子供主体の学びにはなりません。

「理科の授業は時間が足りなくて困る」と悩んでいる先生は、できるだけ子供主体の問題解決の授業を実現しようと努力されているということです。これは重要なことであり、このような悩みをもつ先生は、日々素晴らしい授業をされているのではないかと思います。

事前の教材研究や予備実験などをしっかり行ったとしても、子供の発想は教師の想定を超えることがあります。そのようなとき、「この考えに寄り添えば、時間がかかるかもしれない」と、瞬間的に

子供たちが納得できる授業の進め方を追究しよう

思ってしまうでしょう。

実際、いつも子供の考えをすべて受け止めて、問題解決の中に取り入れるということは難しいと思います。しかし、だからと言って、そのような考えを無視してよいというわけではありません。

考えを受け止め、みんなでその妥当性を検討し、場合によっては問題解決の中に取り入れたり、単元の最後に時間を設定して、個人で追究できるようにしたりするとよいでしょう。子供たちが納得して、問題解決の活動を行うことができるようにしていくことが大切です。

何のために理科の授業をするのかということに立ち返ってみましょう。それは、子供一人一人の資質・能力を育成するためです。教師主導で理科の授業を行い、予定していた内容をすべて終えることができたとしても、子供の資質・能力が育成されていなければ意味がありません。

4
12

理科の指導には専門的な知識が必要？

理科の専門的な知識がなくて、子供の疑問に答えることができない

「理科の授業を行うには、専門的な知識が必要だ」と思っている先生方が多いような気がします。理科の授業だけは専門的な知識が必要で、他の教科の授業では専門的な知識は必要ない？　そんなことはないはずです。

理科では子供自身が問題解決の活動を通して、自然事象についての知識を更新していくため、小学校理科の学習内容を超えて、中学校や高等学校などで扱う内容、もっと言えば、未だ科学が解明していないことまで、子供が疑問をもつのはよくあることです。

子供に難しい質問を投げかけられたとき、教師がそれに関する知識をもっていないと、どのように対応すればよいか困ってしまうというわけです。

しかし、小学校理科の目標を確認してみてください。自然事象についての知識

教師は知識を与えるだけの存在ではない

があればそれでよい、という目標にはなっていません。問題を見いだし、解決していく活動を通して資質・能力を育成していきたいので、子供の質問に対して、教師がもっている知識を与えればよいということではないのです。逆に、自信がない先生だからこそ、一方的に知識を与えるのではなく、子供主体の授業ができているのかもしれません。

難しい質問が投げかけられたら、まずは自分で問題を見いだすこと自体が素晴らしいのだと伝え、その問題に対して、どのような仮説をもっているのか聞いてみるとよいでしょう。身の回りには、まだまだ自分が知らない世界が広がっています。それを愉しむことができたら、問い続ける態度が涵養されるでしょう。

問題を解決するのは子供自身であり、そのような子供を育むために教師が存在します。学習内容についての知識は必要ですが、子供とどのように関わるかということがより重要なのです。

おわりに

随所に登場した「ズレ」というキーワード。この言葉を聞いてネガティブな印象を抱く方も多いでしょう。私もかつてはその一人でした。「ズレ」を調べてみると、類義語には「食い違い、齟齬、行き違い、不一致、すれ違い」などが出てきます。ここから分断や争いをイメージすることもあるでしょう。

しかし、本書を読まれた皆さんはもう気が付いているはず。「ズレ」こそがエネルギー、これまでの凝り固まったものを打破し、新たなものを創るイノベーションのもとになるものです。このイノベーションにより刷新されるものは、理科授業だけでなく、教師観や子供観、もっと大きなくくりで言うならば自分自身かもしれません。「ズレ」を意識することは、まさに成長のきっかけとなります。

「ズレ」には、すぐに見えるものばかりでなく、なかなか表面化しないものもあります。現にこの本をつくる過程でも、４人のなかに「ズレ」はたくさん生じました。でもそれは、新たなものを創ろうとしているからこそ生まれるもの。お互いが本気で前に進もうとしている証拠でもあります。15年以上、様々な場所で理科について共に考え続けてきた４人だからこそ、この「ズレ」が大切であること、ここから共通了解が導きだされ、新しいものが生み出されることを知っています。

このように考えると「ズレ」は成長や前進にはなくてはならない、ポジティブなものに感じられることでしょう。しかし、「ズレ」を乗り越えることが難しい場合もあります。そんなときこそ、本書を役立ててほしいと考えています。本書には、理科授業をよりよいものにしようと様々な形で授業づくりに携わってきた４人の、経験を通して得たものが詰まっています。

授業は常に未完成。完成形はありません。今、目の前にいる子供たちを対象にしているからこそ授業は進化し続けます。今日も最前線で授業をしている、そして「ズレ」を肌で感じながら更新し続けているあなたが、未来の授業をつくり続けているのです。本書が、そんなあなたの助けとなることを願ってやみません。

最後になりましたが、４人の「ズレ」を顕在化させ、乗り越える手助けをしてくださった東洋館出版社の上野絵美様、高木聡様には、本書の編集にあたり大変お世話になりました。この場を借りてお礼を申し上げます。ありがとうございました。

2025年３月　　辻　健

著者紹介

鳴川　哲也（なるかわ・てつや）

福島大学大学院教職実践研究科 教授

1969 年福島県生まれ。福島県の公立小学校教諭、福島大学附属小学校教諭、公立小学校の管理職や福島県教育庁義務教育課指導主事等を経た後、文部科学省初等中等教育局教育課程課教科調査官及び国立教育政策研究所教育課程研究センター研究開発部教育課程調査官・学力調査官として、学習指導要領の改訂等に携わる。2025 年より現職。

主な著書に『理科の授業を形づくるもの』（東洋館出版社、2020）、『小学校　見方・考え方を働かせる問題解決の理科授業』（共著、明治図書、2021）『理科の授業で大切なこと－Science Fragrancer からの贈りもの』（編著、東洋館出版社、2022）などがある。

山中　謙司（やまなか・けんじ）

北海道教育大学旭川校 准教授

1971 年北海道生まれ。北海道教育大学大学院で学んだ後、北海道の小学校教諭を経て、文部科学省国立教育政策研究所教育課程研究センター研究開発部学力調査官・教育課程調査官（小学校理科）として、全国学力・学習状況調査の問題作成・分析、学習指導要領の改訂を担当。2018 年より現職。専門は、教育実践学・理科教育学。

主な著書に『アクティブ・ラーニングを位置づけた小学校理科の授業プラン』（編著、明治図書出版、2017）『板書で見る全単元・全時間の授業のすべて 理科 小学校 6 年』（編著、東洋館出版社、2020）などがある。

寺本　貴啓（てらもと・たかひろ）

國學院大學人間開発学部 教授　博士（教育学）

1976 年兵庫県生まれ。静岡県の小・中学校教諭を経て、広島大学大学院で学んだ後、2010 年より現職。専門は、理科教育学・学習科学・教育心理学。特に、教師の指導法と子供の学習理解に関する研究、学習評価、CBT によるテスト開発に取り組んでいる。小学校理科の全国学力・学習状況調査問題作成・分析委員、学習指導要領実施状況調査問題作成委員等を経験。

主な著書に『板書で見る全単元・全時間の授業のすべて 理科 小学校 3 年』（編著、東洋館出版社、2020）、『小学校　見方・考え方を働かせる問題解決の理科授業』（共著、明治図書、2021）『「問題を見いだす」理科授業－マンガでわかる導入場面』（編著、東洋館出版社、2024）などがある。

辻　健（つじ・たけし）

筑波大学附属小学校理科教育研究部 教諭

1973 年福岡県生まれ。横浜国立大学教育学部にて修士を取得。専攻は理科教育学。横浜市の小学校教諭としての 17 年間、理科授業の研究に取り組む。研究主任として全小理の全国大会で授業提案を行った。2015 年より現職。日本初等理科教育研究会役員、日本理科教育学会『理科の教育』編集委員、NHK「5 分でわかる理科」「ツクランカー」「ふしぎエンドレス」番組制作委員を務める。

主な著書に『小学校　見方・考え方を働かせる問題解決の理科授業』（共著、明治図書、2021）、『理科は教材研究がすべて』（共著、2021）『理科でつくるウェルビーイング－幸福で充実した人生を送るための学び』（編著、2023）『はじめての理科』（編著、2025）（以上 東洋館出版社）などがある。

イラスト図解ですっきりわかる理科
お悩み解消編

2025（令和 7）年 4 月 18 日　初版第 1 刷発行

著　者：鳴川哲也・山中謙司・寺本貴啓・辻　健

発行者：錦織圭之介

発行所：株式会社 東洋館出版社
〒101-0054　東京都千代田区神田錦町 2 丁目 9 番 1 号
コンフォール安田ビル 2 階
代　表　電話 03-6778-4343　FAX03-5281-8091
営業部　電話 03-6778-7278　FAX03-5281-8092
振　替　00180-7-96823
U R L　https://www.toyokan.co.jp

装丁・本文デザイン：藤原印刷株式会社
イラスト：石村ともこ
印刷・製本：藤原印刷株式会社

ISBN978-4-491-05726-2
Printed in Japan